AIZPEA OIHANEDER PÉREZ
JULIO FUENTES ARCONADA

LA COCINA ES TUYA

PEQUEÑA ESCUELA DE LA VIDA con EL HEMATOCRÍTICO

RESERVOIR ~~BOOKS~~ KIDS

ÍNDICE

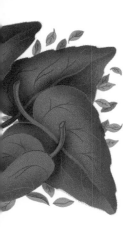

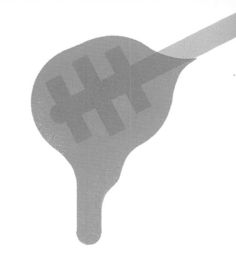

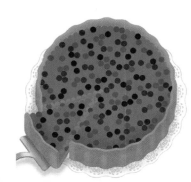

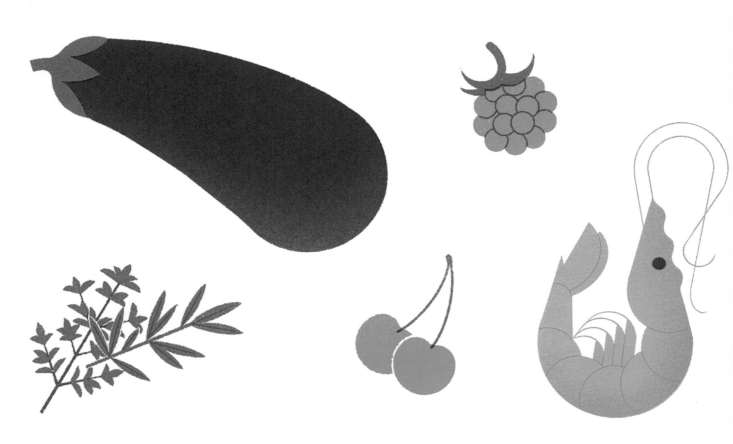

PRÓLOGO

por El Hematocrítico

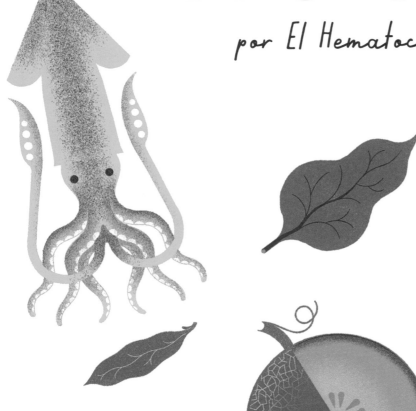

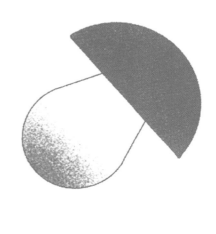

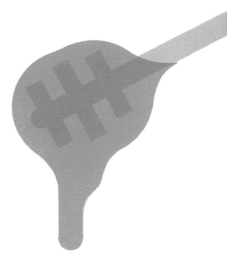

*L*os expertos en educación, esas criaturas mitológicas fascinantes, hace años que nos advierten de que tenemos que cambiar nuestro modo de aprender. Las escuelas no deben ser sitios donde soltemos a la chavalada para que escuchen sentados el rollo que les suelta un adulto. Deben ser laboratorios que les ofrezcan experiencias. No se aprende escuchando tanto como haciendo. Se debe tocar, agarrar, apretar, untar, sentir, mancharse. Los sentidos deben ponerse a trabajar.

En tu casa seguramente no tendrás un laboratorio preparado con materiales de diferentes texturas, olores y sabores listos para ser manipulados con todo tipo de propósitos. Tienes algo mejor. Tienes una cocina.

Tienes fruta que cortar y batir, que pelar y congelar. Verduras que hervir y saborear. Tienes una merluza para aprender anatomía. Tienes todo lo que necesitas para aprender muchísimas cosas.

¿Qué me dices de toda la historia que tiene detrás una patata? ¿Cómo es la biografía de una patata? Sus viajes por el mundo. Sus cambios de estado físico. Puedes pelarla y trocearla. Hervirla y aplastarla. Freírla. Asarla. Rellenarla. Esferificarla (supongo, aquí me estoy viniendo un poco arriba).

Lo que queremos con esta colección es ayudarte a abrir los ojos, a valorar lo que tienes a tu alrededor. A no mirar por encima del hombro la absoluta magia que tienes en la alacena.

Esa botella de aceite, y sus primas las aceitunas; ese paquetito de almendras. Ese limón. Esa barra de pan. Todas las cosas que tienes ahí y todo lo que tienen que decirte.

La cocina es un lugar que es muy fácil ignorar, pero que, si te atrapa, no conseguirás salir en la vida. Este libro es una invitación a quedarte. A husmear. A preguntarte cosas, a aprender.

Te enseñará a ver los alimentos como nunca los habías visto antes y te enseñará a apreciar y valorar las cosas bonitas.

Porque, si sabes ver la magia que hay en una patata, sabrás ver la magia que hay en el mundo.

PRESENTACIÓN

*E*ste libro está dedicado a todos vosotros, pequeños seres que, aunque no os deis cuenta en este momento, seréis en unos años los responsables de transformar el mundo, mejorando y respetando su ecosistema natural.

Cuando yo tenía vuestra edad ya tenía muy claro que quería ser cocinera y desde entonces (en casa) hasta este momento (profesionalmente), he podido cumplir mis sueños. A lo largo de los años me he dado cuenta de que no solo he alimentado a miles de personas, sino que cocinando para ellos les he querido transmitir mi pasión por la gastronomía, y el hecho de cocinar se ha convertido así en un acto de amor y generosidad que me ha hecho crecer como mujer y como persona.

A través de este viaje que recorreremos juntos, os explicaré la importancia de cada alimento, desde su origen histórico hasta el valor que tiene para nuestra salud, sin olvidarnos del entorno en el que se desarrolla y su aportación para conseguir un mundo más sostenible.

El libro está dividido en dos grandes bloques. El primero se ocupa de los alimentos que obtenemos de la tierra, ya sea recolectándolos o cultivándolos. Este bloque está dividido a su vez en cinco apartados, de los que el último se dedica a las especias y las hierbas aromáticas.

El segundo bloque trata de los alimentos que tienen origen animal, ya sean animales acuáticos o terrestres. Este bloque tiene seis apartados, que deben su razón de ser según se trate de animales capturados en su medio natural o criados en granjas. El sexto apartado examina con detalle las posibilidades alimentarias de un alimento que algunos de esos animales producen de manera natural: la leche (y sus derivados).

Del origen y desarrollo de todos ellos sabremos algunas cosas aquí, y también de la importancia de los bosques y del mar en nuestras vidas, así como del respeto al desarrollo de los ecosistemas y la vida salvaje, o de las ventajas y desventajas de la ganadería. De todo esto hablaremos en esta presentación.

Por último, fijaos en que al final de cada ficha encontraréis consejos, recetas o pequeños trucos que podréis llevar a cabo con vuestros seres queridos.

◆ CUANDO LA TIERRA PROVEE: BOSQUE, ÁRBOLES, HUERTA Y CAMPO

Una manera práctica y original de diferenciar claramente cómo obtenemos los alimentos que nos da la tierra es pensar en el entorno donde los recogemos. Por una parte tenemos el bosque, con sus

matas, arbustos y árboles, de los que los humanos hemos recogido sus frutos inmemorialmente. El medio silvestre es un entorno ideal para dar paseos o hacer excursiones donde, además de procurarnos sustento, la naturaleza nos ofrece también una fuente inagotable de conocimientos si la observamos bien. No en vano, las hierbas y plantas del monte han sido la base de muchos de nuestros remedios medicinales durante miles de años.

Por otra parte, hay también un entorno que los humanos hemos aprendido a domesticar, cultivándolo. El nacimiento de la agricultura tuvo lugar cuando el ser humano dejó de ser nómada y se estableció en sitios fijos de nuestro planeta. Fue

entonces cuando surgieron las huertas y los campos, y con ellos la selección de las plantas para su producción intensiva. En un proceso que duró milenios, los primeros campesinos aprendieron a seleccionar los cereales más resistentes y nutritivos, las legumbres más sabrosas y saciantes, y las frutas que aportaban más frescor y energía. También a partir de ahí, como nos ha demostrado la arqueología en muchas excavaciones, se desarrolló la fabricación de herramientas que hacían más fácil el cultivo: arados, trillos, etc.

Durante innumerables años, el mundo agrícola ha estado ligado a una vida sencilla, sin grandes pretensiones pero con labores muy duras

físicamente. Quizá por eso, en la actualidad se ha acentuado un proceso que tampoco debería sorprendernos, pues no es nuevo. El abandono de la agricultura y el crecimiento de la vida urbana han ido parejos desde hace más de seis mil años. Sin embargo, no hay duda de que a muy pocos jóvenes de hoy les interesa la vida rural, que ha sido desatendida a pasos agigantados en las últimas décadas. Para mí, el futuro del agricultor pasa por la dignificación de su profesión, ya que es de vital importancia para que podamos encontrar en los mercados de nuestras ciudades productos de kilómetro 0, de temporada…, que logran que siga vivo ese ecosistema rural, que nos aporta salud y bienestar.

◆ NUEVOS SABORES Y NUEVAS RUTAS: LAS ESPECIAS

Hay un tipo de productos agrícolas que merecen una mención aparte. A primera vista, los condimentos que usamos en la cocina no parecen más que alimentos secundarios, pero… algo tan simple en apariencia como potenciar el sabor de un plato ha provocado algunas de las transformaciones sociales y políticas más importantes de la historia de la humanidad. Algunos de los aderezos tradicionales de nuestros platos provienen del bosque; son hierbas aromáticas que incluso hoy se siguen recogiendo a menudo en el monte cuando damos un paseo. Es el caso del tomillo, el orégano o el laurel. Sin embargo, hay otros productos (las especias propiamente dichas) cuya relevancia es tal que ha propiciado que los condimentos tengan un lugar destacado en este libro.

Las especias son sustancias de origen vegetal o mineral que se utilizan para sazonar, aromatizar y conservar los alimentos, así como en recetas médicas e incluso en la elaboración de perfumes. Pero han sido también el motor del desarrollo de nuevas rutas terrestres y, especialmente, marítimas. La exploración del mundo y el «descubrimiento»

de nuevos territorios se deben sobre todo a razones alimenticias: la búsqueda de nuevos sabores. El intercambio comercial entre pueblos existe, claro está, desde que el ser humano tiene la capacidad de desplazarse. Es decir, desde siempre. No obstante, el comercio de las especias jugó un papel determinante en el devenir de la historia. Vale la pena pensarlo cuando echamos azafrán al arroz o añadimos canela a un postre.

La ciudad que actualmente conocemos con el nombre de Estambul se llamó también Bizancio y Constantinopla en la Antigüedad, y fue durante siglos una ciudad de enlace comercial entre Europa y Asia. Cuando Constantinopla cayó bajo el poder de los otomanos (los antiguos turcos) en 1453, dicho enlace quedó cortado, por lo que surgió la necesidad urgente de encontrar nuevas rutas hacia Oriente para conseguir, entre otras materias primas, las ansiadas especias, que eran de vital importancia para la conservación de los alimentos y para matizar el sabor de los platos.

Hasta el siglo XV, la ruta de las especias se había convertido en un camino compartido por infinidad de mercaderes. Se abría paso a través de los territorios que ahora llamamos Indonesia, Malasia, Sri Lanka, India, Irak, Egipto o Ghana. A la Europa medieval las especias llegaron a través de los mercaderes árabes, que estaban aliados con los venecianos. Pero fue un marinero portugués, Vasco de Gama, quien en 1497 abrió una nueva ruta hasta la India, bordeando África hasta llegar al océano Índico. Al asegurar esa nueva ruta comercial y ejercer un dominio económico en los puertos de origen de las mercancías, Lisboa pasó a ser la capital de las especias.

Y no debemos olvidar que, un poco antes, en 1492, Cristóbal Colón llegó a América. El motivo de aquella expedición había sido buscar una nueva ruta a las Indias para acceder a las especias, dando la vuelta a la Tierra en vez de bordeando África. Así pues, la competición por ver quién controlaba las rutas comerciales fue lo que marcó el inicio de la Era Moderna, en la que los países europeos buscaron someter y colonizar al resto del mundo, con unas enormes (y a menudo trágicas) consecuencias políticas y sociales.

Y pensar que todo aquello estuvo originado por un asunto culinario...

◆ ALIMENTOS DE LAS AGUAS: PECES Y MARISCOS

Sabemos, desde siempre, que todo empieza en el mar. El mar es el conjunto de mares y océanos, de agua salada, que cubre más del 70 % de la superficie de la Tierra. Es una de las razones por las que se conoce a nuestro planeta como el «planeta azul».

Hace miles de años, en la Edad de Piedra, con el fin de satisfacer sus necesidades alimenticias, los humanos desarrollaron el proceso de pesca, que en un inicio se redujo a capturar los peces con las manos y posteriormente se volvió más sofisticado y práctico gracias a la invención de lanzas, flechas y arpones. Más tarde se desarrolló la acuicultura, un sistema de cultivo en agua dulce o de mar, cuyos inicios se remontan a la Edad Antigua.

Durante milenios nos hemos alimentado gracias a los mares (y también a los ríos y lagos, claro), pero su riqueza no es infinita. Actualmente no solo está amenazada la supervivencia de sus especies, sino que también peligran los ecosistemas en los que viven. Todo ello se debe a la sobreexplotación de los recursos pesqueros, que es un problema mundial por el aumento progresivo de la población y, en consecuencia, de un mayor consumo de pescado.

Las especies de animales que viven en los ríos (peces, reptiles, moluscos, insectos...) han sufrido una tasa de extinción elevada en los últimos años debido también al cambio climático, la contaminación de sus aguas y el exceso de construcciones cercanas a las riberas de los ríos. Todo ello ha puesto en peligro también sus ecosistemas.

Nuestra pequeña aportación al buen mantenimiento de los mares y ríos comienza por el respeto, que se traduce, por ejemplo, en no arrojar residuos en ellos ni en sus cercanías, ni tolerar que otros los arrojen. No es un gesto simple: es un gesto que implica cambiar el futuro.

◆ NECESITAMOS A LOS ANIMALES: SILVESTRES Y DE GRANJA

La caza de animales se practica desde la prehistoria como forma de sustento del ser humano. Al principio, los homínidos cazaban empleando técnicas sencillas, sin herramientas específicas. Cazaban las grandes presas en grupo, aturdiendo a los animales para hacerles caer en trampas o despeñaderos. Después, ya cuando éramos *Homo sapiens*, se crearon armas muy precisas, como lanzas o propulsores, que permitían alcanzar al animal sin acercarse mucho a él. Con la llegada del modo de vida campesino, la caza no desapareció, pero poco a poco fue perdiendo importancia.

En la actualidad, la caza mayor (ciervos, corzos, jabalíes) es una actividad de ocio que se realiza en cotos controlados. El resto de estos animales son criados en granjas específicas para el consumo del ser humano. Algunos de ellos no se han domesticado hasta épocas recientes, en cuanto se ha masificado su consumo (conejos, patos, codornices), y antes se los solía cazar. Otros, en cambio, llevan milenios conviviendo con nosotros y no tienen prácticamente congéneres silvestres; no los concebimos sin la existencia de las granjas (gallinas y ganado).

La ganadería es una actividad que surgió casi al mismo tiempo que la agricultura. Supuso la domesticación de algunos animales salvajes que tenían cierta predisposición natural a vivir cerca de los humanos. Vacas, cerdos, cabras y ovejas fueron, después del perro, los primeros animales domésticos, que no solo proporcionaban productos para el consumo humano (carne, leche), sino también fuerza de tracción para arar los campos y materia prima para producir lana.

Nunca está de más recordar que la caza de animales que se encuentran en peligro de extinción está totalmente prohibida, así como su comercialización. Esto es algo que, tanto en nuestro entorno como lejos de nuestro país, afecta a la supervivencia especialmente de algunas especies salvajes, así como a la destrucción de sus hábitats causada por el ser humano o la disminución de los alimentos de los que se nutren. En cualquier caso, con la crianza

de animales y la ganadería, hemos conseguido no amenazar la biodiversidad de nuestro entorno ni depender de ella.

Pese a todo ello, uno de los grandes debates en la actualidad (debido al exceso de población mundial) es el consumo abusivo de carne animal, que refleja una descompensación entre su producción y la forma de conseguirla. Sabemos, por una parte, que mantener el ritmo de producción de carne en granjas consume una altísima cantidad de recursos naturales: se necesita mucha agua y se emite a la atmósfera mucho dióxido de carbono. Por otra parte, la globalización alimenticia está haciendo que nuestra forma de alimentarnos pase por alto y no valore el origen de lo que consumimos. Gastamos

demasiado combustible en transportar piensos y carne (y también pescado) de un lugar a otro del Planeta. Nuestra sociedad está inmersa en una vida sin tiempo para cocinar y esto hace que consumamos productos precocinados, saciantes y de rápida ingesta. Si queremos un planeta más vivo y equilibrar de manera sana nuestra dieta, debemos repensar la manera en la que obtenemos proteínas de la carne (y el pescado).

En otras palabras: todo lo que comemos forma parte de nuestra cultura. Si queremos conocer cuál es la importancia de la cocina, debemos saber cómo se han originado nuestros hábitos gastronómicos.

Espero que la lectura de este libro os ayude a comprender quiénes somos y hacia dónde vamos. La cocina es parte esencial de la cultura humana y, sin ella, el mundo no sería como lo vemos hoy.

Aizpea Oihaneder

◆ ELABORAR ALIMENTOS ES CULTURA: LÁCTEOS Y DERIVADOS

En la alimentación general del ser humano, los productos lácteos y derivados, principalmente de la ganadería bovina (vacas, búfalas), ovina (ovejas) y caprina (cabras), ocupan un lugar fundamental, ya que es uno de los grupos alimenticios protectores. Aportan proteínas de excelente calidad y son la fuente más importante de calcio.

Una de las cosas más curiosas de los derivados lácteos es que sus inicios se debieron al azar. El movimiento producido al caminar durante los traslados de la leche y las altas temperaturas que se alcanzaban en los diversos recipientes de piel provocaron su conversión en cremas, natas, yogures, quesos...

Debido a estas casualidades, todo lo relativo a la conservación de estos alimentos cobra un gran valor, ya que el desarrollo de estos métodos va muy de la mano con la evolución de la humanidad.

A lo largo de este libro encontrarás muchos términos técnicos, relativos a la gastronomía o a la nutrición. La gran mayoría están desarrollados en el contexto de la página o en las explicaciones que se dan en las fichas. Sin embargo, de vez en cuando leerás algunas palabras que quizá requieren una explicación especial. Están señaladas en negrita y color, y si acudes al glosario que está al final del libro podrás conocer mejor su significado.

CAHIERS DU
COMILONE

· ¡Conrad von Comiden tiene un don! ·

Saludos. Me llamo Conrad von Comiden, y soy periodista de alimentación. Trabajo para la prestigiosa revista gastronómica francesa Cahiers du Comilone. No me dedico a valorar restaurantes o a hacer recetas, no.

Yo tengo un talento especial. Yo soy entrevistador de alimentos. Otros periodistas culinarios pueden oler, saborear, tocar los ingredientes.

Yo tengo tanta empatía y tanta capacidad de comunicación que soy capaz de escucharlos.

Puedo trascender la experiencia culinaria como ningún otro humano ha podido hacerlo antes.

Puedo pasarme horas escuchando a un chuletón opinar sobre guarniciones. Sé qué tipo de lechuga va mejor para una determinada ensalada, porque me lo dice ella misma. Sé qué siente una merluza cuando la cuecen y cuando la rebozan. Sé por qué se pegan las lentejas.

Los amigos de Reservoir Kids me han contratado como consultor para ofreceros entrevistas exclusivas con algunos de los protagonistas de este libro y sé que os va a parecer muy interesante. Al fin vais a poder escuchar el punto de vista de los alimentos. De los majos, claro. Las aceitunas me caen fatal. No hay quien las aguante.

ALIMENTOS QUE NOS OFRECE LA TIERRA

SETA

Cuerpo fructífero de algunos hongos pluricelulares

◆ FICHA TÉCNICA

Aparece a la sombra de los árboles (hayas, castaños, pinos, etcétera), así como en otros ambientes húmedos y oscuros. Puede crecer por debajo o por encima del suelo. También hay setas de cultivo.
Es probable que los primeros cazadores-recolectores ya las consumieran, pero las informaciones más fiables señalan que surgieron hace unos trece mil años.
En España existen más de mil quinientas especies diferentes de setas catalogadas (comestibles y venenosas).

◆ ¿DÓNDE LE GUSTA CRECER?

Las condiciones óptimas para su crecimiento son los lugares húmedos y cálidos, sombríos, con hojas descompuestas y todo tipo de vegetación.
Sus esporas, al secarse, se mantienen en el aire y propician su crecimiento y su nuevo ciclo de vida.

◆ LA SETA COMO FUENTE DE SALUD

El 90 % de la seta es agua. Es rica en minerales, vitaminas, fibra y antioxidantes. Su proteína, que no es muy abundante, es de alta calidad, lo que convierte a la seta en un posible sustituto de la carne. Algunas setas contienen un ácido graso omega 6 que ayuda a reducir el colesterol.

◆ TIENE ALGUNAS CONTRAINDICACIONES...

Por la gran variedad de setas comestibles que existen, sus contraindicaciones no se pueden determinar de forma general.
En función del modo en que las cocinemos, serán más o menos digestivas o podrán producir algún tipo de intoxicación.

Consejos de Aizpea

Podemos deshidratar las setas para conservarlas mejor, así como confitarlas en aceite. Las setas soportan bien la congelación. Según el tipo de setas, se pueden consumir salteadas, crudas, escabechadas, en polvo o en un *risotto*.

El champiñón blanco, el Portobello, el shiitake y la seta común son los tipos de setas cultivadas más consumidas en el mundo.

MIEL

Fluido producido por abejas del género *Apis*

◆ FICHA TÉCNICA

Se tienen referencias de la miel desde el Mesolítico, ya que esta aparece en cuevas rupestres de ese periodo prehistórico.

La miel es un fluido natural que producen las abejas. Estas absorben el néctar de las flores y lo transportan hasta sus colmenas. Cada una realizará entre 10-15 vuelos diarios. Allí lo entregan a las abejas obreras, que, gracias a las sustancias que aportan en este proceso, transforman el néctar en miel rebajando su humedad hasta el 18 %.

Cuando la humedad alcanza su punto adecuado, las abejas sellan las celdas con una fina capa de cera. Para conseguir 1 kg de miel se necesita el trabajo de dos mil quinientas abejas.

◆ LA MIEL COMO FUENTE DE SALUD

Se ha utilizado durante siglos para cocinar y como remedio medicinal natural.

Contiene muchos nutrientes (fructosa y glucosa) y, gracias a su contenido en enzimas antioxidantes, aminoácidos, vitaminas y minerales, consigue que sea un buen aliado natural para la piel (acné, quemaduras, etcétera). Su consumo periódico resulta beneficioso para combatir las enfermedades cardiacas, para el sistema inmunológico y para los procesos inflamatorios. Ayuda a metabolizar los alimentos, lo que permite tener una mejor digestión. Alivia la tos y los dolores de garganta.

◆ ¿DÓNDE APARECEN SUS PANALES?

El nido de cría de las abejas necesita una temperatura constante de 34-35 °C. El temblor que generan sus movimientos eleva su temperatura corporal, lo que hace que todas ellas juntas consigan mantener la temperatura del panal.

Se podría decir que los lugares ideales para que las abejas puedan crear sus panales son las zonas con abundantes flores.

◆ TIENE ALGUNAS CONTRAINDICACIONES...

Es muy buen conservante natural, aunque no siempre resulta saludable.

Su consumo está contraindicado en niños menores de un año, ya que, unida a los jugos digestivos de los bebés, propicia un ambiente ideal para la aparición de bacterias nocivas.

Las personas alérgicas no deben tomarla.

Consumirla en grandes cantidades provoca obesidad.

Consejos de Aizpea

Una de las formas en las que utilizo la miel es con el lacado o caramelizado de carnes asadas a la parrilla. Podemos mezclarla con soja, romero, tomillo y zumo de limón.

Otra de nuestras recetas elaboradas con miel es un helado de yogur y polen.

Por su gran contenido
en azúcares, la miel es uno
de los productos alimenticios
que se conservan durante
más tiempo.

MORA

Fruto comestible de plantas del género *Rubus*

◆ FICHA TÉCNICA

La mora silvestre es conocida también como «zarzamora». Es un fruto que crece en las zarzas (de la familia de las rosáceas).
Es una baya pequeña (1 o 2 cm) que forma un racimo de diminutas esferas, cada una de ellas con una semilla en su interior. Su color varía en función de la maduración: pasa del verde al rojo hasta alcanzar un tono púrpura oscuro.

◆ ¿DÓNDE LE GUSTA CRECER?

El arbusto de la zarzamora crece en Europa, América y Oceanía, en climas suaves pero soleados. Los frutos maduran en verano y se recogen en los meses de agosto y septiembre.

◆ TIENE ALGUNAS CONTRAINDICACIONES...

Como contiene mucha fibra, una de sus contraindicaciones es que puede producir gases y dolor estomacal.

◆ LA MORA COMO FUENTE DE SALUD

Presenta grandes beneficios y está cargada de vitaminas y minerales (B, C, E y K), así como de fibra soluble e insoluble. También tiene potasio, hierro y calcio. La mora, como el resto de los frutos rojos, posee muchos antioxidantes, algo que se puede deducir por su gran cantidad de pigmentos naturales. Tiene propiedades antiinflamatorias y fortalece nuestro sistema inmunológico. Resulta ideal para combatir la anemia, ya que su contenido en vitamina C ayuda a la absorción del hierro.

Consejos de Aizpea

Tras una excursión en la que hayamos recogido muchas moras, podemos hacer una sencilla mermelada. Resulta ideal para los pasteles, las tartas de queso, etcétera.
Las moras se pueden emplear para acompañar platos de caza, carnes, etcétera, con un sofrito de cebolla, ajo, tomillo y jengibre.
Una vez pochado, echamos un vaso de vino tinto y lo dejamos reducir. Luego ponemos ½ vaso de soja, 1 vaso de caldo de pollo y, finalmente, las moras (lo cocemos todo durante 5 minutos).

También llamamos
«moras»
a los frutos de las
moreras, que son árboles
y pertenecen al género
«Morus».

Existen variedades silvestres
y cultivadas. En Europa, la planta
se domesticó en el s. XVI, en concreto
en los Países Bajos y Dinamarca.

GROSELLA

Fruto comestible de arbustos del género *Ribes*

◆ FICHA TÉCNICA

La grosella es el fruto del grosellero. Tiene un color intenso y se agrupa en pequeños racimos. Puede ser roja, negra o blanca.

Es originaria de una parte de Europa (Francia, Bélgica, los Países Bajos, Alemania y norte de Italia).

Se consume desde la prehistoria, en su estado silvestre.

◆ ¿DÓNDE LE GUSTA CRECER?

El grosellero es un arbusto que resiste bien los fríos del invierno, pero no los calores del verano. Por esta razón crece en colinas y montañas, zonas en general más frías pero parcialmente soleadas.

◆ LA GROSELLA COMO FUENTE DE SALUD

Esta baya es rica en fibra y vitamina C. Además, aporta vitamina A, potasio, hierro, magnesio, calcio y proteínas. Alivia el dolor de garganta, calma los síntomas de la gripe y ayuda a nuestro sistema inmunológico.

Debido a su contenido en fibra, es un efectivo laxante cuando está madura.

La grosella negra tiene un alto contenido en calcio de fácil absorción, por lo que su ingesta ayuda a tener una buena salud de huesos, músculos y nervios.

◆ TIENE ALGUNAS CONTRAINDICACIONES...

Está prohibido su consumo en personas alérgicas a las bayas. Tampoco es recomendable para las personas diabéticas. Su abuso puede producir indigestión y diarrea. No pueden consumir las grosellas las mujeres que estén en proceso de lactancia materna, porque pueden provocar reacciones alérgicas o digestivas a los bebés.

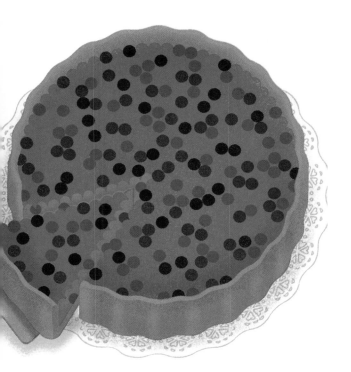

Consejos de Aizpea

Como es una baya bastante ácida, una forma de poder consumirla cruda, sin que pierda sus propiedades, es hacer una macedonia con las grosellas y otros frutos más dulces. Añadiéndoles azúcar, también podríamos hacer un zumo de grosellas.

Asimismo se puede utilizar como acompañamiento en platos de caza, cordero, etcétera.

ARÁNDANO AZUL

Vaccinium corymbosum

◆ FICHA TÉCNICA

Es una pequeña baya redonda cuyo sabor es dulce con toques ácidos. Pertenece a la familia de frutos del bosque y nace en racimos. Es un fruto de unos 7-9 mm de diámetro.
En su origen es blanco y llega a su color azul al término de su maduración.
La planta, un arbusto de 15 a 45 cm llamado también arándano azul, es muy antigua y su crecimiento es silvestre en Europa, en Asia y en América.

◆ EL ARÁNDANO COMO FUENTE DE SALUD

Se considera una «superfruta», ya que es uno de los alimentos más sanos y con mayor contenido en vitaminas y antioxidantes. Previene el deterioro cognitivo. Son ricos en vitamina C, D y vitaminas del grupo B. El consumo de arándanos mejora la respuesta del cuerpo a la insulina.

◆ ¿DÓNDE LE GUSTA CRECER?

Resiste bien al frío.
Los suelos pueden ser de distinta naturaleza, arenosos y arcillosos, bien drenados, húmedos y frescos.

◆ TIENE ALGUNAS CONTRAINDICACIONES...

No se recomienda su consumo en exceso.
Está contraindicado para personas con alergias.

Consejos de Aizpea

La forma más común de consumirlos es en mermeladas, compotas, etcétera. Podemos hacer un zumo de arándanos en la licuadora. Para evitar su oxidación, basta con añadirle zumo de limón y agua. Como el resto de los frutos del bosque, se pueden utilizar para ensaladas, así como para acompañar platos de caza, carnes...
En el apartado de dulces se utiliza en bizcochos, tartas de queso con arándanos, mezclado con yogur y frutos secos.

El mayor productor
de arándanos
del mundo
es Estados Unidos.

La limonada es una de las bebidas
refrescantes más populares
del mundo.

LIMÓN

Citrus × limon

◆ FICHA TÉCNICA

El limón es un cítrico que crece en un pequeño árbol llamado «limonero», que, debido a su tamaño, suele formar parte de los jardines y terrazas.
Procede de Asia (hace más de dos mil quinientos años), aunque en la actualidad se cultiva en todas las zonas templadas del mundo.
Los árabes lo introdujeron en la cuenca mediterránea a partir del siglo X.
Los países con una mayor producción son México y la India. España es el país que más lo exporta.

◆ ¿DÓNDE LE GUSTA CRECER?

Las raíces de los limoneros se desarrollan bien en suelos arenosos y arcillosos, con la aireación adecuada.
Su clima idóneo es el mediterráneo con temperaturas entre 25 °C y 31 °C.
La mayor producción de limones suele ser en otoño, invierno y primavera. En verano se limita bastante, debido a la sequedad del clima.

◆ EL LIMÓN COMO FUENTE DE SALUD

Contiene una gran cantidad de ácido cítrico (un potente antioxidante) y vitamina A, C, fibra y minerales (calcio, fósforo, magnesio y potasio). Tiene un gran poder bactericida y aumenta las defensas de nuestro organismo. Además, nos previene de determinadas enfermedades, sobre todo de aquellas relacionadas con las vías respiratorias. Estimula el hígado, ayuda a eliminar toxinas y favorece la disolución de los cálculos renales.

◆ TIENE ALGUNAS CONTRAINDICACIONES...

Su consumo en exceso, sin añadir agua, puede afectar a los dientes, que vuelve más sensibles.
Puede haber personas que tengan alergia a los cítricos.

Consejos de Aizpea

Me gusta utilizar el zumo de limón en acabados de asados de carnes, como la costilla de ternera, el pollo picantón, el conejo, etcétera. Con su cáscara suelo aromatizar los jugos concentrados de carne.
Cómo hacer en casa un quesito cuajándolo con zumo de limón: 1 l de leche fresca pasteurizada, 45 ml de zumo de limón, 4 cucharadas de nata y una pizca de sal. Hervimos la leche, dejamos reposar 20 minutos, agregamos el zumo de limón, la nata y la sal, removemos y dejamos reposar otros 5 minutos para que cuaje. Lo ponemos de nuevo al fuego durante 5 minutos. Escurrimos en un colador con una gasa durante varias horas en la nevera. Luego se le da forma en moldes y terrinas.

NARANJA

Citrus × sinensis

◆ FICHA TÉCNICA

El origen de este fruto del naranjo (de la familia de los cítricos) no está muy claro. Algunos creen que proviene de Arabia y otros, de China meridional y zonas de la India al sur del Himalaya. Los árabes fueron los que introdujeron este fruto en España.

◆ ¿DÓNDE LE GUSTA CRECER?

El frío es el mayor enemigo del naranjo. Necesita un clima cálido y un suelo de textura ligera, con un buen drenaje y sin aguas encharcadas.
La temporada de su recogida se produce durante el invierno.
España es una gran potencia mundial en la producción de naranjas y el primer exportador. Valencia ocupa el lugar con más producción de naranjas, seguida por Sevilla y Huelva.

◆ LA NARANJA COMO FUENTE DE SALUD

Por su alto contenido en vitamina C, es idónea para combatir los resfriados, favorece la absorción del hierro, del calcio y del fósforo, y posee antioxidantes.
Gracias a la pectina que contiene, regula el colesterol.
Como fuente de calcio y vitamina C, ayuda a fortalecer nuestros huesos y nuestra dentadura.
Los azúcares de la naranja son de absorción rápida, por lo que favorecen la actividad física; es altamente recomendable para diabéticos.

◆ TIENE ALGUNAS CONTRAINDICACIONES...

Su consumo en exceso puede producir problemas en las personas con acidez estomacal.

Consejos de Aizpea

La naranja es una de las pocas frutas que intento no manipular demasiado, ya que pierde muchas de sus propiedades. Para conseguir una mayor cantidad de zumo, me valgo de un truco: presionar la naranja con las manos, haciéndola rodar contra una mesa, para romper sus fibras.

Del naranjo, además de las frutas, también se aprecian
mucho sus flores, el azahar. Su aroma es muy intenso
y sus pétalos se emplean para hacer infusiones.

MANZANA

Malus domestica

◆ FICHA TÉCNICA

La manzana es, sin duda, la fruta más familiar del mundo y, a lo largo de los siglos, su historia está muy ligada a la humanidad.

Se cultiva y consume desde hace más de diez mil años en Asia y Europa, pero se cree que su origen es muchísimo más antiguo.

Las manzanas poseen un significado mitológico en muchas culturas.

◆ ¿DÓNDE LE GUSTA CRECER?

La mayoría de las variedades de manzanas se desarrollan mejor en climas fríos y húmedos, aunque se adaptan a diferentes condiciones climáticas.

La intensidad solar influye en el color de los frutos. Los manzanos producen flores en primavera que se convierten en frutos; estos maduran a finales de verano o en otoño, según la variedad, ya que existen muchos tipos de manzanas.

◆ LA MANZANA COMO FUENTE DE SALUD

Gracias a la cantidad de fibra que contiene, la manzana favorece el tránsito intestinal. Su pectina nos ayuda a reducir el colesterol y sirve para nivelar la insulina en nuestro organismo.

Se trata del cepillo de dientes de la naturaleza, ya que su acidez, astringencia y piel áspera eliminan los posibles restos de comida.

Es rica en vitaminas A y C, fósforo, calcio, hierro y potasio.

◆ TIENE ALGUNAS CONTRAINDICACIONES...

Las semillas de las manzanas contienen cianuro, por lo que se ha de evitar su ingesta.

No deben consumir manzanas las personas alérgicas.

Consejos de Aizpea

Suelo utilizarla para hacer puré (para platos de *foie gras*, caza, etcétera), en infusión, asada, en vinagreta para ensaladas, en repostería. Introducir las manzanas, una vez peladas, en agua con limón impide que se oxiden.

En el arte cristiano se representa comúnmente con una manzana al fruto del árbol del conocimiento del bien y del mal, con el que el demonio, bajo la forma de una serpiente, tentó a Eva y luego ella a Adán.

MELOCOTÓN

Prunus persica

◆ FICHA TÉCNICA

Es un fruto carnoso que produce el árbol melocotonero. Su piel es aterciopelada, con un único hueso interior, y su carne es amarilla o blanca, con un delicioso sabor. Procede de Afganistán, China e Irán, y su cultivo se conoce desde hace más de tres mil años. En esas civilizaciones se conocía como «el árbol de la vida».

◆ EL MELOCOTÓN COMO FUENTE DE SALUD

Es rico en carotenos, que favorecen la visión, y en vitaminas C y E. Contiene también hierro, magnesio, potasio y fósforo. Su contenido en fibra ayuda a mantener bajos los niveles de colesterol.

◆ ¿DÓNDE LES GUSTA CRECER?

Prosperan cuando crecen a pleno sol y en un suelo fértil y bien drenado.
La época mejor para plantarlos es a comienzos de invierno. Sus flores aparecen en primavera y son de un gran impacto visual por su belleza. En verano este árbol requiere temperaturas entre 20-25 °C para facilitar el crecimiento y la maduración de sus frutos.
Su temporada de recolección se produce, en la península ibérica, entre mayo y septiembre. Su producción más importante en España se encuentra en Aragón, con denominación de origen Melocotón de Calanda, así como en la Región de Murcia, Extremadura, Cataluña, Andalucía y Comunidad Valenciana.

◆ TIENE ALGUNAS CONTRAINDICACIONES...

Los principales problemas que puede presentar esta fruta son las alergias, incluida la que puede producir su piel.

Consejos de Aizpea

Al ser una de mis frutas preferidas, es un alimento que utilizo mucho en nuestra cocina de formas muy diversas: salteado con mantequilla, azúcar moreno y setas «trompetas de la muerte»; chutney de melocotón (preparado con especias dulces y picantes), ambas ideales para caza y carnes diversas; en vinagreta, con piñones y especias, para ensaladas; cocinados en papillote con azúcar moreno, mantequilla, canela y un licor.

Una de las recetas históricas más famosas del s. xx es el
«Melocotón Melba» del chef Auguste Escoffier, que dedicó
el delicioso postre a la cantante de ópera australiana Nellie Melba.

Las aves adoran
las cerezas.
Son la comida
preferida de
estorninos
y zorzales.

CEREZA

Fruto de algunos árboles del género *Prunus*

◆ FICHA TÉCNICA

Esta fruta, carnosa, dulce y refrescante, es la más esperada y deseada de la temporada de verano. Su árbol es del género *Prunus* (melocotoneros, ciruelos y albaricoqueros).

En Europa, los antiguos romanos iniciaron su cultivo, aunque su origen parece estar en Oriente Próximo. Su extensión por buena parte de los territorios euroasiáticos se debió a los pájaros y a las migraciones humanas.

◆ ¿DÓNDE LE GUSTA CRECER?

Se cultiva en zonas templadas, con inviernos largos y fríos y veranos cálidos.

En suelos bien aireados, con porosidad y bien drenados. Sus raíces son profundas, por lo que necesitan espacio para su desarrollo.

◆ LA CEREZA COMO FUENTE DE SALUD

Contiene antioxidantes que ayudan a eliminar toxinas y a la depuración intestinal. También tiene fibra, proteínas, carbohidratos, vitamina C y, en menor medida, vitaminas B y K y minerales (potasio, cobre y manganeso).

Con los «rabos» de las cerezas se pueden hacer infusiones que combaten las infecciones urinarias, la retención de líquidos y los cálculos biliares.

◆ TIENE ALGUNAS CONTRAINDICACIONES...

Por su alto contenido en fibra, su consumo en exceso puede producir problemas gastrointestinales. No deben comerlas las personas que padezcan alergia.

Consejos de Aizpea

Es una de las frutas que utilizamos en nuestra cocina para hacer recetas saladas.

Sirve para acompañar pescados azules (verdel, anchoa, bonito) tanto en vinagreta como encurtidas.

En el apartado de postres, usamos sus huesos para elaborar la base de un helado de cereza.

PLÁTANO

Fruto de varias plantas herbáceas del género *Musa*

◆ FICHA TÉCNICA

Es el fruto del platanero y presenta una variedad de formas, color y firmeza. Crece en racimos, que pueden tener de cuarenta a cien unidades. Los plátanos están cubiertos por una piel que puede ser verde, amarilla, roja, púrpura o marrón.

El plátano, tal y como lo conocemos hoy, procede del sudeste asiático. Esta especie llegó a Canarias en el siglo XV y, desde allí, fue llevado a América en 1516, aunque su comercialización en Canarias se inició a finales del siglo XIX y principios del XX.

◆ ¿DÓNDE LE GUSTA CRECER?

La temperatura óptima para su producción es 20-30 °C. Por esa razón, la mayor parte de los países productores se encuentran cerca del ecuador.

Para que el rendimiento del platanero sea mejor, resulta importante tener en cuenta su altitud (entre 400-500 m), ya que, en función de esta, su ciclo de producción podría retrasarse.

El plátano de Canarias es el único reconocido con indicación geográfica protegida (IPG).

◆ EL PLÁTANO COMO FUENTE DE SALUD

Por su aporte de energía, es una fruta muy recomendable en todas las edades. Sus azúcares (glucosa, dextrosa y sacarosa) se transforman al momento en energía.

Contiene carbohidratos, fibra y proteínas. Es también rico en vitamina C y en las del grupo B, así como en potasio, magnesio y fósforo.

En casos de diarrea, se aconseja tomar plátano maduro, ya que, por sus efectos astringentes, suaviza la inflamación digestiva.

◆ TIENE ALGUNAS CONTRAINDICACIONES...

Su consumo no es recomendable para las personas alérgicas o que tengan problemas renales con exceso de potasio.

Consejos de Aizpea

En algunos estofados de pollo podemos sustituir las patatas por rodajas de plátano verde o por bananas.

No se deben quitar los hilos al plátano, pues estos son grandes aliados de nuestra salud, ya que en ellos, aparte de sus vitaminas, fibra, etcétera, se encuentra la pectina.

Existen los plátanos dulces o de postre, la mayoría de los cuales son de la variedad llamada «cavendish». También hay variedades de plátanos para cocinar, que se toman hervidos, asados o fritos.

UVA

Vitis vinifera

◆ FICHA TÉCNICA

La uva es el fruto de la vid y crece en pequeños racimos.

Se trata de una fruta milenaria, de la que incluso hay constancia de su cultivo a finales del Paleolítico, así como en civilizaciones más desarrolladas, como la egipcia, la griega y la romana.

Su llegada a Europa se produjo con los romanos. Debemos diferenciar, por una parte, la uva para su consumo como fruta y, por otra, la destinada a elaborar el vino.

◆ ¿DÓNDE LE GUSTA CRECER?

Cada variedad de uva exige un tipo de suelo y de clima determinados. Aun así, las uvas necesitan, en general, inviernos fríos y lluviosos y veranos cálidos.

La variedad de climas permite que la vendimia se pueda realizar desde mediados de agosto hasta noviembre.

◆ LA UVA COMO FUENTE DE SALUD

La uva es una gran fuente de energía debido a sus carbohidratos de fácil asimilación (fructosa, glucosa, sacarosa y dextrosa). Contiene vitaminas del grupo B y es muy rica en vitamina B6, de gran importancia para el sistema nervioso. Sus minerales son potasio, magnesio, calcio, azufre y hierro.

◆ TIENE ALGUNAS CONTRAINDICACIONES...

Está contraindicada en aquellas personas que padecen diabetes (por su alto contenido en hidratos de carbono) y en las alérgicas a la uva.

Consejos de Aizpea

Una manera original de preparar las uvas en casa es cociéndolas en agua con ⅓ de vinagre y azúcar. Podemos conservarlas en esta mezcla. Otra forma de preparación es hacer un almíbar con vino rosado, azúcar, vainilla y piel de limón. Después de hervirlo todo durante 20 minutos, agregamos las uvas, que dejamos cocer durante 10 minutos más.

La domesticación de la vid fue todo un milagro. Las plantas domésticas proceden de un porcentaje pequeñísimo de ejemplares de «Vitis» que eran hermafroditas, es decir, que se autofecundaban.

ALMENDRA

Prunus dulcis

◆ FICHA TÉCNICA

La almendra es el fruto del almendro (cuyo significado es 'el despertar' o 'árbol hermoso'). Florece en primavera en climas templados y sus flores son de una gran belleza. La parte comestible del fruto es la semilla, que se encuentra dentro de una dura cáscara exterior. Su origen procede de las zonas montañosas de Asia central.

En la Antigüedad, los almendros silvestres no daban almendras dulces y saludables, sino que sus frutos contenían toxinas, por lo que eran utilizados por egipcios, griegos y romanos para envenenar a sus enemigos.

◆ ¿DÓNDE LE GUSTA CRECER?

Su ambiente idóneo es el clima mediterráneo, ya que su temperatura es constante y sin altibajos. Resiste bien la sequía y prefiere suelos profundos, bien drenados y fértiles. España es el segundo productor de almendras, sobre todo en las comarcas del Mediterráneo (Cataluña, Comunidad Valenciana, Región de Murcia, Andalucía e Islas Baleares), así como en Aragón y Albacete. El mayor productor es Estados Unidos, y Portugal figura en tercer lugar.

◆ LA ALMENDRA COMO FUENTE DE SALUD

Es el fruto seco por excelencia y el que contiene una mayor cantidad de fibra. Sus propiedades son muy beneficiosas para nuestro organismo. Por su contenido en carbohidratos, nos aporta energía y su hierro ayuda a combatir la anemia. Asimismo aporta minerales como el fósforo y el magnesio, que hacen que nuestros huesos y dientes se mantengan sanos y fuertes. Su alto contenido en vitaminas B y E hace que posean cualidades antioxidantes.

Las almendras también se emplean, como aceites, en cosmética y su leche es muy consumida por los veganos.

◆ TIENE ALGUNAS CONTRAINDICACIONES...

Deben evitar su consumo las personas alérgicas y los menores de tres años.

Existe un tipo de almendras amargas con un componente natural que, en determinadas condiciones, puede producir el cianuro (ácido cianhídrico o prúsico).

Consejos de Aizpea

Dentro del *ranking* de las recetas a base de almendras se encuentran los turrones con denominación de origen Jijona y Alicante, así como las denominaciones del Mazapán de Toledo y la de la Tarta de Santiago.

En muchas recetas en las que se añade leche de vaca, esta puede sustituirse, en caso de intolerancia, por la de almendras (por ejemplo, en los postres de panacota, natillas, flanes, etcétera).

Durante la era de los Descubrimientos,
los conquistadores españoles
llevaron los almendros
al continente americano.
Hoy en día se cultivan intensamente
en California.

CACAO

Theobroma cacao L.

◆ FICHA TÉCNICA

Es un fruto de origen tropical procedente del árbol del cacao. Estos árboles pueden alcanzar una altura de 4-8 m.

Su conocimiento se remonta a la época de los mayas, aztecas e incas, hace más de dos mil quinientos años. Se ha utilizado con fines medicinales o nutricionales. También se empleaba como moneda de cambio.

En Europa se introdujo hacia el siglo xv, tras las expediciones españolas a América.

◆ ¿DÓNDE LE GUSTA CRECER?

Es muy sensible al frío, por lo que se cultiva en zonas cuyas temperaturas no bajen de 10 °C. El árbol del cacao se debe desarrollar bajo la sombra. Su suelo ha de estar convenientemente húmedo, ya que sus raíces no toleran demasiado bien las sequías, pero tampoco los encharcamientos.

La cosecha del cacao se produce dos veces al año (en verano y en invierno).

El 70 % de la producción mundial del cacao viene del continente africano y sus principales productores son Costa de Marfil y Ghana, aunque el más apreciado es el que procede de Ecuador y Venezuela.

◆ EL CACAO COMO FUENTE DE SALUD

El cacao posee muchas propiedades nutricionales. Tiene un alto contenido en grasas, sobre todo saturadas, y, en menor medida, monoinsaturadas y poliinsaturadas, además de proteínas e hidratos de carbono. Está considerado como un superalimento que aporta energía y que mejora el estado de ánimo. Es rico en minerales, fibra y vitaminas. Contiene antioxidantes que ayudan a prevenir algunas enfermedades del corazón.

◆ TIENE ALGUNAS CONTRAINDICACIONES...

El chocolate que se consume habitualmente tiene alto contenido en azúcares añadidos y bajo en cacao, por lo que no es conveniente su consumo para las personas con diabetes u obesidad. Tampoco es adecuado para personas con problemas en el hígado, la vesícula, etcétera, porque su contenido en grasas hace que el hígado trabaje en exceso.

Consejos de Aizpea

Una manera fácil de preparar un caramelo de cacao en casa, que puede servir para acompañar tartas, flanes, buñuelos, frutas, etcétera, es con estos ingredientes: 200 g de azúcar, 400 ml de agua y 35 g de cacao puro en polvo.

Se pone el azúcar al fuego con un chorrito de agua hasta conseguir un caramelo con tono tostado claro. Añadimos entonces los 400 ml de agua mezclados con el cacao y removemos con una varilla. Hay que tener cuidado con el vapor que se produce al añadirlo, ya que nos podemos quemar con él. Dejamos reducir esta mezcla unos 15 minutos a fuego mínimo hasta conseguir un sirope meloso.

En las culturas prehispánicas de Mesoamérica, el cacao se empleaba para elaborar una bebida que se aromatizaba con todo tipo de especias. Los aztecas lo agitaban y aireaban con intensidad para que una densa espuma se formara en la superficie.

CACAO

El cacao me recibe en una cafetería. Le paran varios clientes para firmar autógrafos y hacerse selfis con él. Le pregunto si es así siempre.

CACAO: Claro que sí. La gente se muere de ganas de contarle a sus amigos que me ha visto en persona.

CONRAD: No todos los días tienes la suerte de encontrarte al autor del chocolate.

CACAO: Por supuesto. Mi obra magna, mi mejor creación: el chocolate. Lo único que les importa de mí.

CONRAD: Cuesta pensar que nace de un fruto tan...

CACAO: ¿Amargo? ¿Y cómo estarías tú? ¿Cómo te sentirías si lo único que les importara de ti a la gente es el maldito chocolate?

CONRAD: ¿Estás harto de esa faceta de tu vida?

CACAO: Tuve un papel increíble en el descubrimiento de América. Fui moneda... ¡Moneda! ¿Tú sabes la historia que yo tengo, la de cosas que he hecho en mi vida? Y ahora solo quieren de mí... eso. Que encima tiene muy poco de mí. Que me echan azúcar por encima, me echan de todo.

CONRAD: Claro, tú eres tan amargo...

CACAO: ¡Yo soy potente, ¿vale?! ¿Quieres una barrita de chocolate con leche? ¿El niño quiere unos bomboncitos? ¡Tú también eres como todos! ¡Dejadme en paz!

CONRAD: ¿Podemos hacernos un selfi antes de irme?

De la nuez también se extrae
un aceite muy saludable que
sirve para aderezar ensaladas
y otros platos.

NUEZ

Fruto de los árboles del género *Juglans*

◆ FICHA TÉCNICA

La nuez es el fruto comestible del nogal y se consume desde épocas prehistóricas. Su cultivo comenzó en la civilización mesopotámica hace unos siete mil años.
Los romanos consideraban las nueces como un alimento de los dioses.

◆ ¿DÓNDE LE GUSTA CRECER?

El nogal crece de forma silvestre en Europa, Asia y Estados Unidos. El árbol llega a alcanzar entre 24 y 27 m de altura y su tronco puede tener 3-4 m de diámetro.
Es muy sensible a las heladas y a las sequías y necesita unas precipitaciones anuales mínimas de 700-1.200 mm. Es un árbol de clima mediterráneo que se adapta a suelos muy diferentes, aunque prefiere los profundos, fértiles y ricos en materia orgánica.

◆ LA NUEZ COMO FUENTE DE SALUD

Es un fruto seco muy energético que contiene grasas beneficiosas para la salud, como el omega 3, el cual ayuda a rebajar el colesterol y previene la mala circulación.
Además, la nuez es una gran fuente de proteínas vegetales (como la lecitina). Tiene también vitaminas del grupo B y fósforo, que ayudan al buen funcionamiento de nuestro cerebro. Contiene asimismo vitaminas C, E, calcio y magnesio. Aporta un gran contenido en fibra, que favorece la función intestinal. Por su bajo contenido en hidratos de carbono, su consumo es adecuado para las personas diabéticas.

◆ TIENE ALGUNAS CONTRAINDICACIONES...

Como el resto de los frutos secos, la nuez aporta una gran cantidad de calorías, por lo que no conviene consumirla en exceso.
Tampoco deben tomarla las personas alérgicas. Aunque las nueces son beneficiosas para los niños, estos han de consumirlas siempre con la supervisión de un adulto, porque, al igual que sucede con otros frutos secos, su pequeño tamaño y dureza pueden provocar atragantamientos.

Consejos de Aizpea

En mi tierra, Euskadi, las nueces vienen de una tradición que se remonta a cientos de años. Podemos consumirlas en las sidrerías y también utilizarlas para preparar la *intxaursalsa*, una crema que se elaboraba en los caseríos vascos a base de leche, azúcar, canela y nueces.
Para cascar las nueces y conseguir que salga el fruto en dos mitades, lo mejor es hacerlo por su parte chata.

Decimos que el aceite de oliva es «virgen extra» cuando se obtiene mediante el prensado mecánico de las aceitunas y, en el proceso, el aceite conserva una acidez de hasta el 0,8 %. Es el aceite de mayor calidad.

ACEITUNA/ACEITE

Olea europea

◆ FICHA TÉCNICA

La aceituna u oliva es el fruto del olivo. Este es un árbol pequeño, longevo, que puede llegar hasta los 15 m. Tiene el tronco grueso y retorcido. Su cultivo milenario se originó en el Mediterráneo Oriental, por ello es un árbol que abunda en el entorno mediterráneo y sus ramas y frutos aparecen en numerosos jeroglíficos de la época del antiguo Egipto. Del prensado del fruto del olivo (aceitunas) obtenemos el aceite de oliva virgen extra (AOVE). En todo el mundo la rama del olivo representa el símbolo de la paz.

◆ ¿DÓNDE LE GUSTA CRECER?

Su clima ideal es el mediterráneo, con inviernos suaves, primaveras soleadas y veranos calurosos. Las temperaturas muy bajas (-7 ℃) pueden perjudicar a los árboles. Sin embargo, la temperatura puede alcanzar hasta los 40 ℃ sin causarles ningún daño.
La recogida de las aceitunas suele llevarse a cabo de octubre a enero, pero depende, en cada caso, de su grado de maduración. Para obtener 1 litro de AOVE son necesarios entre 10-15 kg de aceitunas. España es el mayor productor de AOVE del mundo.

◆ LA ACEITUNA (EL AOVE) COMO FUENTE DE SALUD

Se denomina «oro líquido» al AOVE por sus beneficios para la salud. Entre otros, gracias a su contenido en grasas saludables monoinsaturadas y en ácido oleico, previene las enfermedades cardiovasculares y disminuye el colesterol. Tiene un elevado contenido en antioxidantes fenólicos (como la vitamina E).
Es muy importante en la dieta infantil, ya que contribuye al buen crecimiento y desarrollo de los huesos.
Estos frutos tienen un alto contenido en vitaminas A y C y en fibra.

◆ TIENE ALGUNAS CONTRAINDICACIONES...

El AOVE no presenta contraindicaciones. No es recomendable el abuso del consumo de aceitunas en personas hipertensas o con problemas renales.

Consejos de Aizpea

Una forma curiosa de trabajar las aceitunas negras consiste en deshuesarlas, secarlas durante toda la noche en el horno a 70 ℃ y, una vez secas, triturarlas bien para obtener un polvo negro. Otro modo es machacar las aceitunas secas en AOVE para conseguir un líquido graso al que podemos dar diferentes usos. Un *pintxo* muy típico de San Sebastián, con base de aceituna, guindilla y anchoa, es la famosa «gilda».
En casi todas las preparaciones el AOVE es vital en nuestra cocina.

ALCACHOFA

Cynara scolymus

◆ FICHA TÉCNICA

La planta de la alcachofa se cultiva desde la Antigüedad y podría ser originaria de Egipto
o del norte de África, aunque su procedencia no está muy clara. En Europa se empezó a cultivar
a partir del siglo XVI y, en Estados Unidos, desde el XVIII.
Las alcachofas, que son una flor, poseen agua como componente mayoritario, varios minerales
importantes (sodio, potasio, fósforo y calcio) y vitaminas B1, B3 y C.

◆ ¿DÓNDE LE GUSTA CRECER?

En zonas con clima fresco pero no agresivo,
en invierno. Se planta entre los meses de julio
y agosto, por lo que florecerá desde mediados
de otoño hasta mediados de primavera, según
las temperaturas reinantes, y permanecerá
en la tierra durante un año.
A la hora de la recolección hay que podarlas
teniendo cuidado de dejar los pequeños hijos
en la planta para que sigan creciendo.
Sus fuertes raíces les permiten adaptarse
a diferentes suelos, pero prefieren los profundos,
arenosos, fértiles y bien drenados.
Las áreas más habituales de cultivo en España
son las de clima mediterráneo, sobre todo la huerta
murciana y valenciana. Otras zonas muy propicias
son la Ribera de Navarra y La Rioja.

◆ LA ALCACHOFA COMO FUENTE DE SALUD

Amiga del hígado, es digestiva y depurativa.
Se trata de la verdura perfecta para luchar contra
el colesterol, es un alimento antigrasa, elimina
las toxinas de nuestro cuerpo y resulta muy
adecuada en dietas de adelgazamiento.
Sus hojas, utilizadas en infusión y debido a sus
propiedades terapéuticas, tienen también usos
medicinales.

◆ TIENE ALGUNAS CONTRAINDICACIONES...

No debe ser consumida por personas que posean
obstrucción del conducto biliar, ni durante
el embarazo y la lactancia materna; tampoco
por niños menores de doce años y en casos
de alergia a esta planta. Asimismo, las personas
con hipertensión o enfermedades cardiacas
deben consultar a su médico antes de ingerirla.

Consejos de Aizpea

Primero te pones unos guantes, o te rocías las
manos con zumo de limón, y vas quitando
las hojas externas hasta dejar un tallo de
unos 5 cm (también pelado), y las introduces en
agua con limón o perejil para que no se oxiden.
Una vez limpias, las coceremos en agua
hirviendo durante unos 20 minutos,
aproximadamente, según su tamaño.
Existen muchas formas de prepararlas.
Aquí os dejo unas ideas: en ensalada,
rebozadas, en tempura, al horno, rellenas,
estofadas, fritas, etcétera. Puedes elegir
la que más te apetezca.

Es práctico escoger las alcachofas
que veas más firmes y cerradas.
Si las puntas no se han ennegrecido,
es señal de que son frescas.

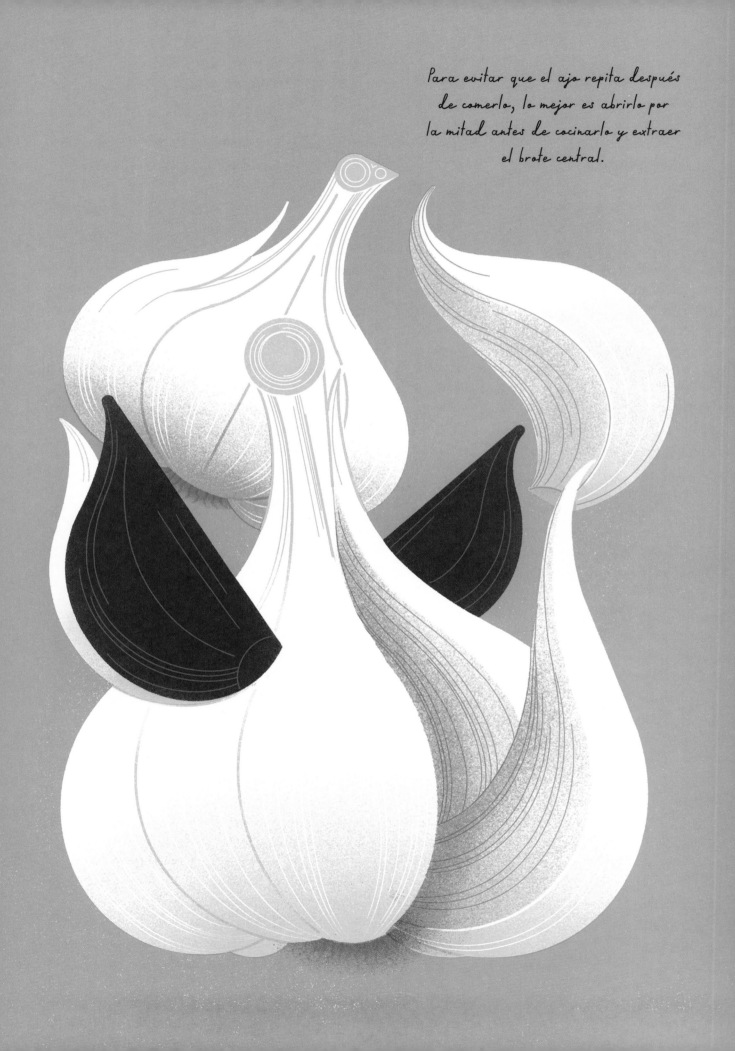

Para evitar que el ajo repita después de comerlo, lo mejor es abrirlo por la mitad antes de cocinarlo y extraer el brote central.

AJO

Allium sativum

◆ FICHA TÉCNICA

Se cree que el ajo es originario de Asia occidental. Fue introducido en los países del Mediterráneo y se viene cultivando desde hace más de siete mil años. Era muy apreciado por egipcios, griegos y romanos, que le daban un uso medicinal. El bulbo es de piel blanca y tiene la cabeza dividida en gajos, llamados «dientes», de los puede brotar una nueva planta de ajo.

◆ ¿DÓNDE LE GUSTA CRECER?

La plantación se realiza en invierno o a principios de primavera. Es importante seleccionar los dientes destinados a plantar y escoger los más sanos y representativos de la variedad para conservar sus cualidades. El suelo debe ser arcilloso y húmedo y tener un buen drenaje. España es uno de los mayores países productores, junto con la India y Egipto. Su cultivo se extiende por todas las provincias españolas, entre las que destacan Cuenca, Córdoba, Granada, Badajoz, Albacete, Jaén y Cádiz.

◆ EL AJO COMO FUENTE DE SALUD

Se ha utilizado como hierba medicinal desde hace cinco mil años. Protege contra los problemas cardiacos, reduce el colesterol, es un antibiótico natural y ayuda a combatir catarros e infecciones respiratorias.

◆ TIENE ALGUNAS CONTRAINDICACIONES...

En dosis normales, carece de efectos negativos importantes. Puede producir irritación de estómago y alergias. Asimismo puede estar contraindicado en personas con problemas de circulación, ya que es un potente anticoagulante. En periodos de lactancia puede distorsionar el sabor de la leche materna.

Consejos de Aizpea

Cómo evitar el olor a ajo en las manos después de su uso: Pasar las manos por agua fría, sin frotar.
Cómo pelarlos fácilmente: Se rompe la cabeza de ajos con un golpe seco y se introducen los dientes en agua tibia durante 2 minutos.
Flor de ajo: En algunos platos, tanto de pescado como de verduras, los cocineros utilizamos la flor blanca que sale durante el crecimiento de la planta para darles un sutil toque de ajo (sin abusar).

CALABAZA

Fruto de las plantas del género *Cucurbita*

◆ FICHA TÉCNICA

La calabaza es una baya de piel dura de la familia de las cucurbitáceas, perteneciente al tipo de plantas trepadoras. Es una de las primeras plantas cultivadas en Mesoamérica, desde hace unos diez mil años. A partir de la llegada de los españoles a América, su cultivo se expandió por todo el mundo. Es una hortaliza anual rica en vitaminas A, B, C y D y minerales, como potasio, calcio y hierro.

◆ ¿DÓNDE LE GUSTA CRECER?

Lo ideal para su plantación es un lugar bien soleado; crece mejor en suelos ligeros, blandos, labrados y frescos. Su siembra varía en función del clima del entorno en que se realiza (habitualmente durante el mes de mayo).

El mejor momento para su recogida es, aproximadamente, a los cinco meses. Para saber su punto de maduración, no sirve solo ver su color, sino que existe un truco que ayuda a descubrirlo: clavar la uña en la piel de la calabaza y, si penetra fácilmente, ¡ha llegado la hora de recolectarlas!

◆ LA CALABAZA COMO FUENTE DE SALUD

Refuerza nuestras defensas, mantiene en buen estado nuestro sistema inmunitario y previene contra gripes y catarros. También tiene efectos antioxidantes debido a su combinación de minerales y vitaminas. Cuida el sistema cardiovascular y regula el nivel de colesterol. Asimismo es beneficiosa para el aparato digestivo, por lo que está recomendada para combatir la gastritis y el estreñimiento. Ayuda a cuidar nuestra vista: nos previene contra las cataratas, la fotofobia y la ceguera nocturna.

◆ TIENE ALGUNAS CONTRAINDICACIONES...

La única contraindicación de la calabaza estaría en la ingesta abusiva de sus semillas. Su alto contenido en fibra puede provocar indigestión y diarrea y, por otro lado, algunas personas podrían ser alérgicas a estas semillas.

Consejos de Aizpea

Cómo pelar una calabaza: Si es muy grande, hay que trocearla y vaciarla con la ayuda de una cuchara y pelarla con un pelador.
Salir de la rutina al cocinar la calabaza: Se puede hacer calabaza encurtida, confitura de calabaza y, si no es muy grande, podemos vaciarla, hacerle un relleno (de carne, de verduras, de queso, etcétera) y hornearla entera.

Existen calabazas de formas
y colores muy variados.
En la cultura maya, las calabazas
secas se usaban como recipientes.

BERENJENA

Solanum melongena

◆ FICHA TÉCNICA

Es una planta herbácea de la que obtenemos el fruto de la berenjena, que tiene muchas variedades de formas, tamaños y colores.

Se cultiva en la India desde hace unos cuatro mil años y, con posterioridad, se extendió a Birmania y China. Contiene vitamina A, B1, B2, C y ácido fólico y es rica en minerales, como el potasio, el calcio, el magnesio, el hierro y el fósforo.

◆ ¿DÓNDE LE GUSTA CRECER?

A su cultivo no le puede faltar «calorcito», así que el sol resulta imprescindible. Necesita espacios donde pueda desarrollar sus raíces horizontales. Podemos encontrarla durante todo el año, aunque su temporada propicia es entre abril y octubre. En España hay una gran producción de berenjenas. Destaca la cosecha de Castilla-La Mancha, donde existe la denominación de origen Berenjenas de Almagro.

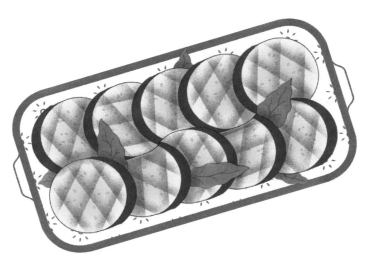

◆ LA BERENJENA COMO FUENTE DE SALUD

Ciertos pigmentos de su piel tienen propiedades antioxidantes, por lo que se recomienda en la prevención de enfermedades cardiovasculares degenerativas y del cáncer. Su alto contenido en fibra favorece el buen estado de la flora intestinal.

Ayuda a reducir el colesterol y a prevenir la arteriosclerosis. También reduce los niveles de azúcar, lo cual es beneficioso para los diabéticos.

◆ TIENE ALGUNAS CONTRAINDICACIONES...

No se deben consumir crudas, ya que podrían ocasionar problemas digestivos y, si se comen en exceso, resultar tóxicas. Pueden causar alergias en algunas personas.

Consejos de Aizpea

Como más me gusta hacerla es entera, ya sea al fuego directo o al horno, para que, gracias a su piel, se cocine en su propio jugo.

Otras formas de cocinarlas son: fritas, en tempura, rellenas, pisto, escalivada, *tumbet*, etcétera.

La berenjena admite muy bien las recetas agridulces, con azúcar de caña, caramelo de sidra, etcétera.

Cómo quitar el amargor de la berenjena:
Dejarla en remojo con agua, leche y sal. Se corta al gusto, en láminas o en trozos alargados, se coloca en un cuenco y se cubre con agua y leche, con bastante sal (mejor si es gorda). Se tapa el cuenco y se deja en remojo media hora, tras lo cual hay que aclararla con agua fría y escurrirla.

En Europa, durante mucho tiempo, la berenjena se consideraba incomestible y solo se cultivaba como planta ornamental. Hasta el siglo XV, que empezó a formar parte de distintas cocinas. Los conquistadores españoles y portugueses la llevaron a América.

La primera vez que se recoge una receta de tomate en España es en 1747.
Está en el recetario «Artes de repostería», de Juan de la Mata, y era una ensalada
con tomates asados aliñados con aceite, vinagre, ajo, perejil y cebolla.

TOMATE

Solanum lycopersicum

◆ FICHA TÉCNICA

Fruto de una planta herbácea, la tomatera.
Procedente de América central y del norte y noroeste
de Sudamérica, su consumo se inició en esta última
hace dos mil seiscientos años.
La planta puede llegar a medir hasta 2,50 m.
El fruto (el tomate) es una baya de color rojo,
cuyo tamaño es variable (puede oscilar entre 3
y 16 cm de diámetro).
Parece ser que su llegada a Europa se produjo
con Hernán Cortés, en el siglo XVI. De acuerdo con
algunas informaciones, los primeros tomates
que se cultivaron en Italia eran de color amarillo,
por lo que se les llamó «manzanas de oro»
(de ahí *pomodoro*).
La mayoría son rojos, pero también existen
otras variedades: amarillos, naranjas, rosados,
púrpuras, verdes, incluso rayados, hasta un total
de veinte mil.

◆ ¿DÓNDE LE GUSTA CRECER?

La tomatera es un tipo de planta que se adapta
muy bien a distintos climas. No es muy exigente
en cuanto a suelos, pero sí necesita que estos
sean profundos y que tengan un buen drenaje.
La temperatura media óptima para su cultivo
y desarrollo es por encima de los 20 °C.
Gracias a su clima, España es uno de los países
donde se da una mayor producción de tomates.
Estos se cultivan sobre todo en Murcia, Alicante,
Almería, islas Canarias y Extremadura.

◆ EL TOMATE COMO FUENTE DE SALUD

El tomate es rico en minerales (potasio, magnesio)
y en vitaminas (B1, B2, B5 y C). Contiene licopeno,
un antioxidante que le aporta su color rojo.
Además, el tomate contribuye al buen estado
de los huesos, es anticancerígeno y ayuda
a combatir las enfermedades del corazón.

◆ TIENE ALGUNAS CONTRAINDICACIONES...

Por su alto contenido en potasio, no es
conveniente que lo consuman en exceso
los diabéticos y quienes sufran enfermedades
del riñón.
Debido a su acidez, también está contraindicado
para aquellas personas que tengan llagas
en la boca, derivadas de diferentes tratamientos
(como la quimioterapia).
Tampoco resulta recomendable para
quienes sufran acidez de estómago o úlceras
estomacales.

Consejos de Aizpea

Para pelar fácilmente los tomates, podemos
hacer una cruz en su parte inferior y quitarle
el «rabito». Introducimos los tomates en agua
hirviendo durante 30 s y, una vez fuera,
los dejamos enfriar y los pelamos.
A partir de ahí se pueden utilizar de muchas
maneras: rellenos, tomate *concassé* (pequeños
dados de tomate), vinagretas, salsa de tomate,
gazpacho, salmorejo...

ESPÁRRAGO

Asparagus officinalis

◆ FICHA TÉCNICA

El espárrago es el tallo joven que nace de la esparraguera. Tiene un intenso sabor, sobre todo si es triguero.

Su cultivo comenzó a las orillas de los ríos Tigris y Éufrates, aunque los antiguos griegos y egipcios ya lo consumían. Sin embargo, fueron los romanos y árabes quienes lo popularizaron e introdujeron en la península ibérica.

En sus inicios, el espárrago que se consumía era de color verde, hasta que, a finales del siglo XIX, se comenzó a cultivar bajo tierra, lo que dio lugar al espárrago blanco.

◆ ¿DÓNDE LE GUSTA CRECER?

Necesita suelos muy bien drenados y ricos en nutrientes. Soporta bien la falta de agua. Su temperatura ambiente ideal oscila entre 18 y 25 °C y, gracias a su alta resistencia, pueden llegar a soportar heladas.

El color blanco del espárrago es consecuencia de que su tallo ha crecido bajo la tierra y todavía no ha brotado hacia el exterior. Si se deja crecer en la superficie adquiere un tono verdoso. Podemos encontrarlo en el bosque mediterráneo, en primavera, como espárrago silvestre o triguero. Existe el espárrago de cultivo verde y el blanco. En Navarra el espárrago blanco cuenta con denominación de origen.

◆ EL ESPÁRRAGO COMO FUENTE DE SALUD

Presenta un alto contenido en fibra y proporciona gran cantidad de vitaminas (A, B1, B2, B6, C y E). Contiene minerales, como magnesio, fósforo, calcio y potasio.

Es diurético y antioxidante y ayuda a evitar la retención de líquidos y el estreñimiento. Tiene efectos beneficiosos para el cerebro y para los huesos, en particular durante la infancia y, en las mujeres, a partir de cierta edad (debido a su aporte de vitamina K).

◆ TIENE ALGUNAS CONTRAINDICACIONES...

Muy pocas: solo algunas veces, al pelarlo, el contacto del jugo de la planta produce dermatitis pasajera en algunas personas.

Es beneficioso durante la lactancia, pero, en algunos casos, se desaconseja su consumo, pues puede variar levemente el sabor de la leche materna. También puede ser perjudicial para personas con alergias.

Consejos de Aizpea

En mis paseos por los campos extremeños recogí muchos espárragos trigueros. Mi forma preferida de consumirlos entonces era sin pelar, ligeramente salteados, casi sin cocinar, en revueltos o en ensaladas. Durante mi etapa culinaria de Navarra mi preparación preferida de los espárragos blancos era, después de pelarlos bien, dorarlos un poco en la sartén y cocinarlos durante 5 minutos en el horno, con sal y AOVE. En nuestro restaurante Xarma preparamos los espárragos verdes en tempura con alioli de ajo negro.

En el primer recetario conservado de la historia, el llamado «De Re Coquinaria»,
de época romana, ¡ya aparece una receta de tortilla de espárragos!

En las culturas mediterráneas,
el pepino se toma crudo o encurtido.
Pero en otros lugares, como los países
eslavos, existen las sopas
calientes de pepino.

PEPINO

Cucumis sativus

◆ FICHA TÉCNICA

Es un fruto que pertenece a la familia de la calabaza y la sandía (cucurbitáceas).
Posee flores femeninas y masculinas en la misma planta y se cultiva en la India desde hace más de tres mil años. Con posterioridad, se extendió por Grecia, Roma y, finalmente, China.

◆ ¿DÓNDE LE GUSTA CRECER?

Se cultiva en todo tipo de suelos, siempre que estén bien drenados. El pepino tolera bien la salinidad, aunque prefiere que no sea excesiva. Necesita climas cálidos (mejor con temperaturas altas).
Lo ideal para su desarrollo son los 19-25 °C.
A partir de su siembra y con las condiciones climáticas adecuadas, se pueden recoger a los cincuenta o sesenta días, entre abril y septiembre.

◆ TIENE ALGUNAS CONTRAINDICACIONES...

Se recomienda lavarlos y consumirlos con moderación, ya que, por su alto contenido en potasio, pueden producir trastornos cardiovasculares y renales.
Puede afectar a las personas con problemas digestivos (con gases e hinchazón).
Algunas personas son alérgicas al pepino.

◆ EL PEPINO COMO FUENTE DE SALUD

La sustancia antioxidante y antiinflamatoria que contiene favorece el funcionamiento de nuestro cerebro.
Su alto contenido en vitaminas del grupo B hace que tenga beneficios para el sistema nervioso y que ayude a combatir el estrés.
El pepino es rico en agua (97 %) y fibra, lo que generalmente favorece la digestión.
Además, es rico en ácido fólico, potasio, magnesio, calcio, hierro, fósforo, vitamina C y zinc.
También contiene vitamina K, muy buena para que los huesos absorban el calcio.

Consejos de Aizpea

Para evitar que el pepino nos «repita» (en una sopa fría, en un gazpacho, en un puré), podemos hacer lo siguiente: después de lavarlo bien, lo pelamos, lo cortamos a lo largo y, con la ayuda de una cucharilla de café, retiramos sus pepitas centrales.
Podemos comerlo en ensalada, acompañado de una salsa que contenga yogur, hinojo, limón, sal, pimienta y una pizca de azúcar.

MELÓN

Cucumis melo

◆ FICHA TÉCNICA

Es una especie de la familia de las cucurbitáceas, cuyo origen exacto todavía se ignora, pero parece ser que se conocía y consumía desde hace unos cuatro mil años. Se han encontrado algunas representaciones de este fruto en tumbas egipcias (2400 a.C.).
Existen muchas variedades, según su color, corteza, forma, etcétera.

◆ ¿DÓNDE LE GUSTA CRECER?

Es un producto de clima cálido, por lo que precisa de una temperatura media de 25 °C en la época de su germinación. Necesita mucho sol para su crecimiento.
El suelo debe ser arcilloso, profundo y bien drenado. Se siembra entre marzo y mayo y se recolecta a los cuatro meses.

◆ EL MELÓN COMO FUENTE DE SALUD

Su porcentaje de agua es del 90 % y no tiene muchas calorías, por lo que su consumo produce un efecto diurético.
Su alto contenido en colágeno ayuda a regenerar la piel y a mantenernos jóvenes (también es bueno para la cicatrización de las heridas).
El calcio que contiene el melón contribuye a que nuestros huesos y dientes se mantengan sanos y fuertes.
Sus antioxidantes (betacarotenos) mejoran la visión y hay estudios que sugieren que pueden prevenir algunos tipos de cáncer.

◆ TIENE ALGUNAS CONTRAINDICACIONES...

Su consumo no es recomendable para las personas con alergia al melón.
Por su alto contenido en potasio, no deben comerlo en exceso quienes sufran problemas renales.

Consejos de Aizpea

Una forma diferente de preparar el melón es hacer canutillos. Siempre que no esté demasiado maduro, podemos cortarlo con una mandolina. Los canutillos se pueden rellenar con un cuscús aliñado con hierbabuena, vinagre de Jerez y AOVE.
Para saber si un melón es macho o hembra, debemos fijarnos en su rayado: si las rayas van de un extremo al otro, es un melón macho; si el rayado es en círculos en su base, se trata de un meón hembra (este es más dulce y más sabroso que el macho).

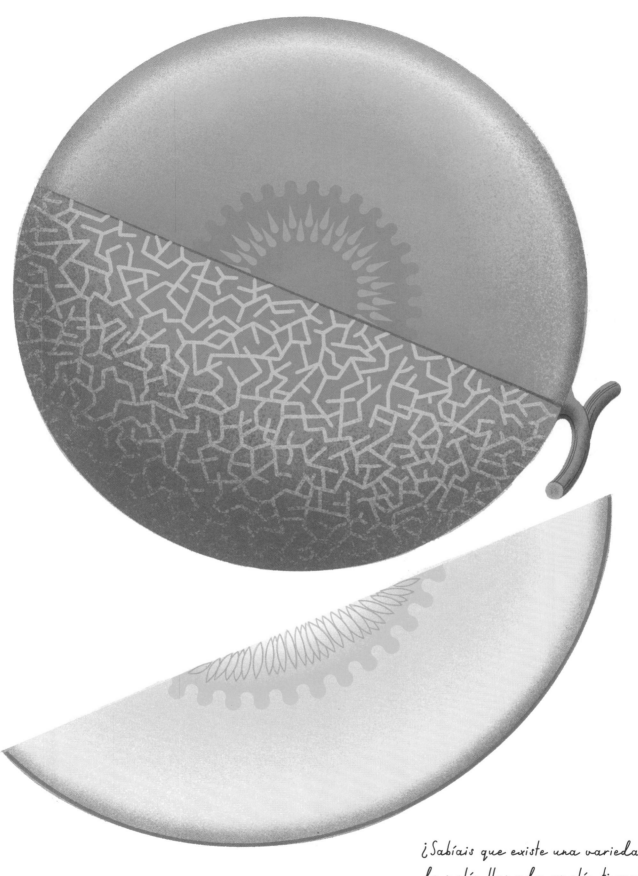

¿Sabíais que existe una variedad
de melón llamada «melón tigre»?
Su piel es a rayas naranjas
y amarillas.

«Un garbanzo no hace
puchero, pero ayuda
a su compañero»
es uno de los refranes
del repertorio castellano.
No hay mejor metáfora
para decir que todo
suma.

GARBANZO

Cicer arietinum

◆ FICHA TÉCNICA

El garbanzo, tal y como lo consumimos, es la semilla de la planta del garbanzo, de la familia de las leguminosas, cuyo tamaño alcanza entre 30 y 50 cm de altura. De sus flores blancas o violetas se derivan unas vainas, en cuyo interior se encuentran las semillas (garbanzos).

Su origen no está muy claro, pero se cree que puede proceder de Turquía, desde donde se expandió por el Mediterráneo.

Cuando llegaron los conquistadores españoles a América lo introdujeron sobre todo en California y México y, después, en otras zonas del continente americano.

◆ ¿DÓNDE LE GUSTA CRECER?

Se adapta muy bien a suelos áridos o secos. Su siembra, en el Mediterráneo, se realiza en primavera. El momento adecuado para su cosecha es cuando sus hojas se vuelven amarillas y sus vainas se secan.

◆ EL GARBANZO COMO FUENTE DE SALUD

Es rico en hidratos de carbono de absorción lenta. ¿Qué quiere decir eso? Pues que su glucosa se asimila lentamente, lo que regula los niveles de azúcar y produce una energía continua. Contiene mucha fibra, por lo que mejora el funcionamiento de los intestinos. Es rico en minerales (fósforo, hierro y magnesio) y vitaminas (B1, B6 y ácido fólico); también en proteínas de origen vegetal, almidón y, sobre todo, en ácido oleico y linoleico. Asimismo, el garbanzo es un buen aporte de fibra y calorías.

◆ TIENE ALGUNAS CONTRAINDICACIONES...

No debe comerse crudo, porque puede ser tóxico. Las personas que padezcan de ácido úrico deben consumirlo con moderación, porque el garbanzo puede ocasionar brotes de gota. Por su alto aporte de yodo, su consumo también ha de ser limitado en las personas con hipertiroidismo.

Consejos de Aizpea

El garbanzo que conocemos es seco (para que se conserve mejor), pero su consumo, cuando está verde, es una delicia para los sentidos, aunque no mucha gente lo conoce y disfruta de sus matices.

Hay que poner los garbanzos secos en remojo antes de su cocción, para que se hidraten. En el caso de que sean garbanzos de bote, con su agua se puede hacer un merengue vegano, montándolo con azúcar, con unos resultados similares al que se elabora con claras de huevo. Esto es debido a que el agua de la cocción desprende un almidón que consigue su cuajado y montado.

JUDÍA VERDE

Phaseolus vulgaris

◆ FICHA TÉCNICA

Es el fruto de una planta trepadora de la familia de las fabáceas. Tiene forma aplanada, alargada y es de color verde. Contiene varias semillas en su interior.

En su estado verde y fresco se considera verdura y, cuando nos referimos a «judía seca» se considera una legumbre.

Los europeos introdujeron y comercializaron este alimento procedente de América, concretamente de la zona de México y Perú, aunque algunos historiadores la sitúan en la zona asiática, hace unos cinco mil años a.C.

◆ ¿DÓNDE LES GUSTA CRECER?

Se cultiva habitualmente en climas suaves y húmedos. Aunque admiten una amplia gama de suelos, los más idóneos deben ser ligeros, con un buen drenaje y ricos en materia orgánica.

Su mejor temporada de recogida y consumo oscila entre octubre y julio.

◆ LAS JUDÍAS VERDES COMO FUENTE DE SALUD

Son un estupendo cóctel de nutrientes, minerales y vitaminas. Son de bajo aporte calórico y muy nutritivas. Su alto contenido en fibra ayuda a regular nuestro tránsito intestinal y combate el estreñimiento. Por su contenido en vitamina K, consigue mantener nuestros huesos fuertes y sanos. Su magnesio y su potasio ayudan a reducir la hipertensión.

◆ TIENE ALGUNAS CONTRAINDICACIONES...

El excesivo consumo de judías, por su alto contenido en vitamina K, puede perjudicar el sistema de coagulación en las personas que tengan este problema.

La lecitina, tipo de proteína que se encuentra en este alimento, puede producir trastornos gastrointestinales, tales como dolor, gases, hinchazón, etc.

También pueden producir reacciones alérgicas en algunas personas, por lo que estas deberán evitar su consumo.

Consejos de Aizpea

Se pueden consumir de muchas formas. Mis preferidas son: cortadas en **juliana** y escaldadas para ensaladas, estofadas con patatas, en cremas y en paellas.

En los países hispanohablantes, hay un montón de nombres diferentes para esta verdura; por ejemplo, chauchas, ejotes, frijoles verdes, porotos verdes o vainicas.

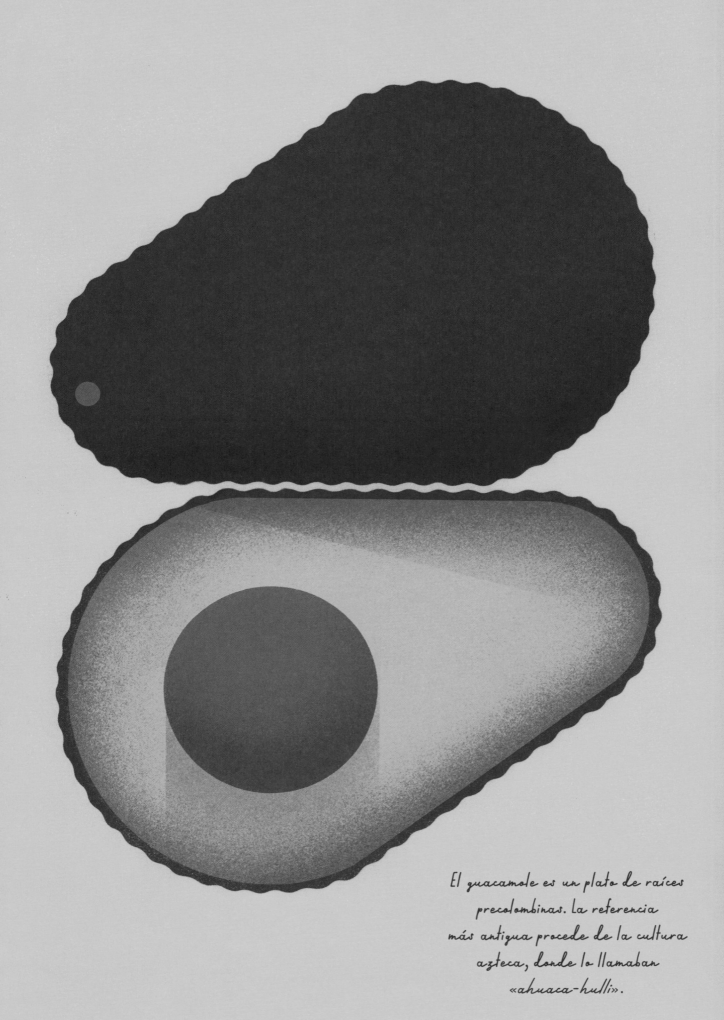

El guacamole es un plato de raíces
precolombinas. La referencia
más antigua procede de la cultura
azteca, donde lo llamaban
«ahuaca-hulli».

AGUACATE

Persea americana

◆ FICHA TÉCNICA

Es el fruto del aguacatero, originario de América central, en particular de México y Guatemala. Su nombre proviene de la civilización azteca: *auacatl*, que significa 'testículo', quizá debido a su forma, por lo que se considera afrodisiaco. Los vestigios más antiguos de su uso se remontan a unos diez mil años (en México).

El aguacate posee numerosas propiedades: contiene grasa saludable (monoinsaturada, como la del aceite de oliva virgen extra) y es rico en vitamina C y E y en minerales, como el potasio, el calcio, el magnesio, el fósforo, el hierro, el cobre y el zinc.

◆ ¿DÓNDE LE GUSTA CRECER?

El clima tropical es el más idóneo para su cultivo. Sus raíces no son muy profundas, pero necesitan tener humedad para que los frutos acumulen la apreciada grasa que los caracteriza.

Se recomienda su cultivo en altitudes entre 800 y 2.500 m para evitar que sus raíces se debiliten.

◆ EL AGUACATE COMO FUENTE DE SALUD

Los minerales que contienen favorecen el buen funcionamiento del sistema nervioso y muscular y son de gran importancia para el sistema inmunológico y el buen funcionamiento de los intestinos. También evitan la retención de líquidos.

◆ TIENE ALGUNAS CONTRAINDICACIONES...

Dado que su grasa es bastante calórica, hay que consumirlos con moderación. Su exceso puede producir un aumento de peso o provocar distintos problemas por falta de algunos nutrientes. Asimismo puede causar daños en el hígado en personas con predisposición genética. Por último, en determinados casos, pueden aparecer algunas alergias.

Consejos de Aizpea

Me encanta este fruto porque me recuerda a la melosidad y textura de la mantequilla. Para vaciar el aguacate, lo cortamos por la mitad horizontalmente y sacamos la semilla dando un golpe seco con el filo de un cuchillo y girándolo a continuación. Su carne se marca con la punta de un cuchillo, en los dos sentidos, y lo vaciamos apretando su piel o con una cuchara.

Cuando preparo el guacamole, mantengo sus semillas en el interior de la preparación para evitar su oxidación.

Es muy apropiado en ensaladas, tostas, cremas, *makis* japoneses, incluso hecho a la brasa. Marida muy bien con pescados.

AGUACATE

**El aguacate me recibe en su hotel de Los Ángeles.
Su agente me da paso a una suite maravillosa.
Le pregunto cómo se siente.**

AGUACATE: Siento una responsabilidad muy grande. Ahora mismo estoy en la cima, en el top de los alimentos. Soy el número uno, el rey. Pero no puedo evitar preguntarme... ¿hasta cuándo?

CONRAD: ¿Cuándo descubriste que ocupabas esta posición en el mundo de los alimentos?

AGUACATE: No dejaba de recibir encargos. Primero fueron ensaladas, luego tostadas. Después ya salsas, infusiones... el cielo es el límite. Tenía tanta demanda que tuve que contratar un agente, y luego ya... el boom.

CONRAD: Te hemos visto en camisetas, en tazas, en calcetines...

AGUACATE: En fundas de móvil, peluches, cremas hidratantes, gel hidroalcohólico... Estoy a punto de protagonizar mi propia película.

CONRAD: ¿Cómo puedes gestionar esta fama? ¿Te está afectando?

AGUACATE: Intento ser humilde. No olvidarme de la modesta rama de la que nací, y disfrutar mientras dure. Quién sabe. Quizá el mes que viene las tiendas empiecen a vender camisetas con coliflores o brécol. Pero mientras esté arriba, disfrutaré del viaje.

TRIGO

Plantas del género *Triticum*

◆ FICHA TÉCNICA

Es un cereal de la familia de las gramíneas.
De sus espigas se obtienen unos granos que,
una vez triturados, se convierten en harina.
Estos granos son utilizados para hacer sémola,
cerveza y una gran variedad de productos.
Su origen se remonta a la zona de Mesopotamia
(hace unos siete mil años).

◆ ¿DÓNDE LE GUSTA CRECER?

Para un cultivo y desarrollo idóneos se necesita
una temperatura entre los 3-33 °C, poca agua
y un suelo suelto, profundo, fértil, en el que no
se produzcan inundaciones.
En España los mayores productores son Castilla
y León, Andalucía y Castilla-La Mancha, seguidos
por Aragón y Extremadura.

◆ EL TRIGO COMO FUENTE DE SALUD

Tiene un alto contenido en proteína de origen
vegetal, vitaminas B y E y minerales
(ácido fólico, fósforo, zinc, selenio, potasio
y hierro), por lo que resulta muy beneficioso
para el desarrollo muscular.
Es un alimento rico en fibra y muy adecuado,
por tanto, para el buen funcionamiento
intestinal. Su harina contiene hidratos
de carbono, lo que convierte el trigo
en una gran fuente de energía.

El trigo fue una de las primeras plantas que domesticó el ser humano.

◆ TIENE ALGUNAS CONTRAINDICACIONES...

Al ser un cereal que contiene gluten, no puede
ser consumido por celiacos e intolerantes al gluten.
Por su contenido en yodo, no es recomendable
para las personas que padezcan hipertiroidismo,
bocio o nódulos tiroideos.

Consejos de Aizpea

Suele emplearse sobre todo la harina
de trigo (repostería, masas saladas,
etcétera), así como sus derivados
(pasta, sémola, cuscús).

CAÑA DE AZÚCAR

Saccharum officinarum

◆ FICHA TÉCNICA

Las primeras referencias a la caña de azúcar aparecen hace unos cinco mil años en Nueva Guinea desde donde pasó a la zona asiática (la India, China, etcétera).

A Europa llegó en el siglo IV a.C., con los viajes y conquistas de Alejandro Magno por Asia. Posteriormente se expandió por todo el mundo, a lo largo de los siglos, con las conquistas que se sucedieron.

◆ LA CAÑA DE AZÚCAR COMO FUENTE DE SALUD

El azúcar es una fuente de energía rápida y libera glucosa y fructosa.

El primer sabor dulce que entra en nuestro cuerpo es a través de la leche materna. En los primeros años de vida, sus nutrientes son importantes para un correcto desarrollo el individuo.

Debe consumirse con moderación.

◆ ¿DÓNDE LE GUSTA CRECER?

Su siembra se realiza en primavera y en otoño, por medio de trozos de tallo, que han de tener entre seis y nueve meses y ser esquejes de tres yemas. El suelo que necesitan ha de estar bien drenado tanto por fuera como en su interior. Al ser una planta tropical, necesita lugares cálidos y soleados para lograr un buen desarrollo. Tiene un crecimiento rápido al comienzo del verano y llega a su completa maduración a los doce meses.

El azúcar se obtiene mediante la trituración y maceración de los tallos de la caña, de donde se extrae su jugo, y, mediante unos procesos de depuración, clarificación y cristalización, se consigue el azúcar. Existen distintos tipos de azúcar, según sus variados procesos de elaboración.

◆ TIENE ALGUNAS CONTRAINDICACIONES...

Es perjudicial para los dientes y causa problemas de sobrepeso. El exceso de azúcar provoca que el páncreas produzca más insulina de la necesaria, lo que puede acarrear una diabetes. Puede producir hipertensión arterial.

Consejos de Aizpea

Uno de mis azúcares preferidos es el mascabado, por su textura melosa y su sabor intenso con matices de regaliz. Al estar menos refinado, es más saludable. En mi cocina utilizo mucho las bases de caramelo dorado para realizar recetas saladas, como el caramelo de pimentón de La Vera, el caramelo de sidra e incluso un caramelo de aceitunas negras.

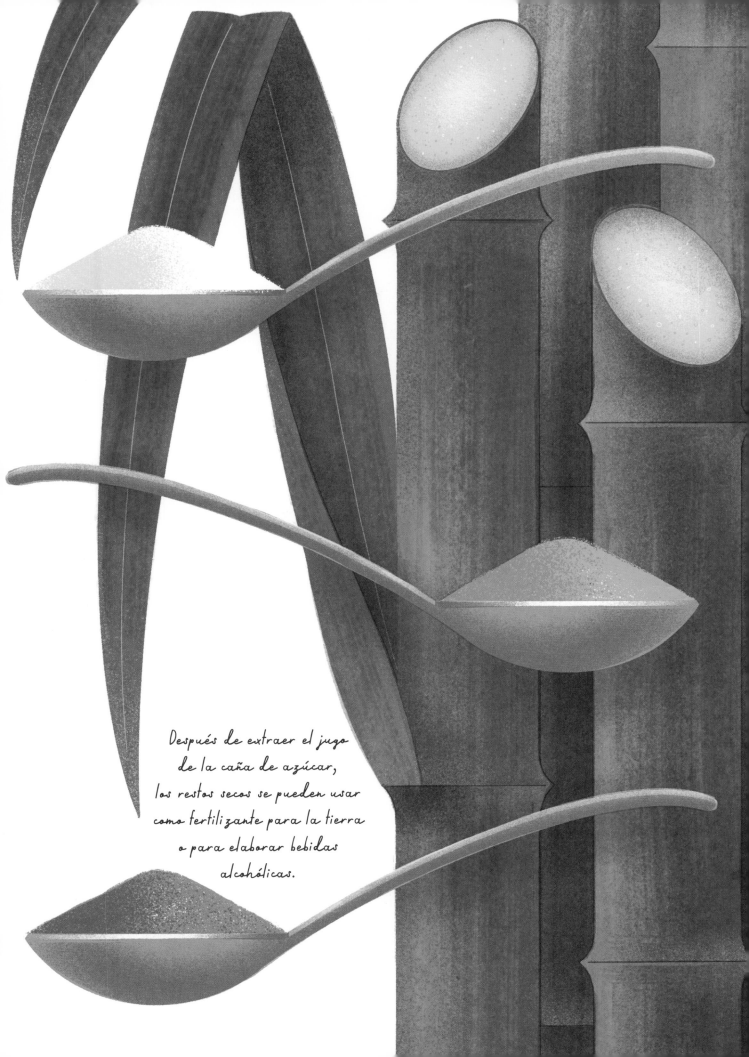

Después de extraer el jugo
de la caña de azúcar,
los restos secos se pueden usar
como fertilizante para la tierra
o para elaborar bebidas
alcohólicas.

La patata es el cuarto
alimento más consumido
del mundo, precedido por
el trigo, el arroz y el maíz.

PATATA

Solanum tuberosum

◆ FICHA TÉCNICA

Es una planta de la familia de las solanáceas. Su existencia se conoce en zonas de Perú y Bolivia desde hace unos ocho mil años. Llegó a Europa en el siglo XVI con los conquistadores españoles. A partir del siglo XVIII, su consumo creció y se extendió por todo el mundo. En un principio, tanto en Francia como en el resto de Europa, no se consideraba una planta comestible. Gracias al agrónomo y nutricionista francés Antoine Parmentier (1737-1813), su cultivo y consumo se extendió por toda Europa. En la actualidad se considera un alimento imprescindible.

◆ ¿DÓNDE LE GUSTA CRECER?

Su siembra se realiza a finales de invierno o principios de primavera, en función del clima de las zonas en las que se planta. En climas tropicales la siembra se realiza durante los meses más fríos. La temperatura ideal para su cultivo está entre los 17 y los 23 °C y sus suelos deben ser húmedos y estar bien drenados. La patata se cultiva en más de cien países.

◆ LA PATATA COMO FUENTE DE SALUD

Tiene una gran cantidad de carbohidratos, por lo que es una fuente de energía cien por cien natural. Contiene antioxidantes, vitamina B3, B6, B9 y C, así como ácido fólico y hierro, lo que contribuye a paliar la anemia.

Su jugo ayuda a la curación de eccemas, así como a eliminar las manchas y la sequedad de la piel. Las patatas, comidas con su piel, son una excelente fuente de fibra.

◆ TIENE ALGUNAS CONTRAINDICACIONES...

La patata apenas tiene contraindicaciones. No deben comerse crudas, debido a sus toxinas y su almidón que pueden producir molestias digestivas. Cuando se cocinan, estos almidones se disuelven.

Si la patata se pone verde, desarrolla una toxina, la solanina, en cuyo caso no hay que comerla, pues nos puede provocar una intoxicación.

Consejos de Aizpea

Cuando quiero utilizar las patatas en un estofado (carne, pescado, verduras, etcétera), las pelo, las limpio y las casco, pero no las vuelvo a introducir en agua, porque así perderían todo su almidón.

Sin embargo, cuando voy a preparar unas patatas chips, las paso antes por agua y, muy secas, procedo a freírlas.

En Xarma, nuestro restaurante, hacemos diferentes tipos de chips. Por ejemplo, cocemos las patatas cascadas en agua con tinta de chipirón; después las trituramos y las extendemos en papel de horno hasta secarlas (2 o 3 días).

Luego las freímos con formas irregulares.

ARROZ

Semilla de algunas plantas del género *Oryza*

◆ FICHA TÉCNICA

Este cereal se considera un alimento básico
y se produce en todo el mundo.
Su origen no está muy claro, aunque se tiene
constancia de que su cultivo se inició hace
unos siete mil años entre la India y China.
Llegó a Occidente, con Alejandro Magno, en
el año 320 a.C.
Parece ser que en España llegó a la zona de
Levante, en el siglo VII, por medio de los bizantinos
y que su consumo se generalizó con los
musulmanes en el siglo VIII.

◆ EL ARROZ COMO FUENTE DE SALUD

Es una fuente de carbohidratos que aportan
energía a nuestro organismo. Tiene bajo
contenido en calorías. Contiene antioxidantes
naturales, como las vitaminas A, C y D y minerales.
En el caso del arroz integral, posee un alto
contenido en fibra que favorece el funcionamiento
intestinal.

◆ ¿DÓNDE LE GUSTA CRECER?

El arroz se cultiva en tierras que se inundan,
ya sea de manera natural (lluvia, mar)
o con riego. La profundidad que debe tener
el agua es de 5-50 cm.
El arroz se adapta a muchos tipos de suelos, desde
arenosos hasta arcillosos, con mucha capacidad
para la retención de agua.
Se puede cultivar a partir del nivel del mar
hasta una altitud de 2.500 m, y el clima en
el que se desarrolla su cultivo ha de ser cálido
y húmedo.
En España, las zonas más importantes en las
que se produce son las vegas del Guadiana,
el delta del Ebro y las marismas de la Comunidad
Valenciana.

◆ TIENE ALGUNAS CONTRAINDICACIONES...

Como ocurre con el resto de los cereales, su exceso
puede ser perjudicial en personas con
hipertiroidismo.

*Exprimiendo los granos
de arroz se obtiene un jugo
que sirve para hacer una
rica bebida vegetal.*

Consejos de Aizpea

Con el arroz se realizan un gran número
de recetas y puede servir como
acompañamiento de muchos platos:
ensaladas, arroces cremosos, caldosos,
paellas, dulces, *sushi*, etcétera.
Como curiosidad, en algunos restaurantes,
para tener a punto el arroz cuando el cliente
lo pida, hacen diferentes bases de arroz
(pato, hongos, verduras, etcétera) con una
precocción de 12 minutos. Luego lo dejan
enfriar estirándolo en bandejas y lo dividen
en porciones individuales que se terminan
de hacer, en 4 minutos, en el último momento.

AZAFRÁN

Crocus sativus

◆ FICHA TÉCNICA

El nombre de «azafrán» define tanto a la planta como a la especia que se extrae de los estigmas de su flor. Sus pétalos son de un brillante color lila y sus formas son muy vistosas y elegantes. El pistilo de cada flor alberga tres largos estigmas de color rojo, que, una vez recolectado y manipulado, se convierte en el azafrán que conocemos. Su origen se remonta a hace unos tres mil años, en la zona del sudeste asiático. Las primeras civilizaciones ya apreciaron sus propiedades y la utilizaron como planta medicinal, para uso cosmético y culinario. En Europa, su introducción se asocia a la llegada de los árabes.

◆ EL AZAFRÁN COMO FUENTE DE SALUD

Como su consumo gastronómico es de pequeñas cantidad, su ingesta no va a proporcionarnos suficientes nutrientes por sí misma, aunque hay que destacar su contenido en hidratos de carbono y proteínas vegetales. Es rico en minerales, como el potasio y el fósforo. Es interesante mencionar sus propiedades antiinflamatorias, cuyos beneficios se están estudiando para el tratamiento de diferentes enfermedades. Sin embargo, lo que hace más atractivo al azafrán es el poder aromático, saborizante y colorante que proporciona.

◆ ¿DÓNDE LES GUSTA CRECER?

El clima ideal para su desarrollo es extremo, intenso calor en verano y frío en otoño. Necesita humedad ambiental, aunque no precisa demasiada agua. El ciclo natural del cultivo del azafrán se inicia con su siembra, a finales de primavera o inicios del verano. Entonces desarrollan sus bulbos bajo tierra y su floración se produce en otoño. La recolección de sus flores se realiza entre octubre y noviembre. Esta recolección es muy laboriosa, ya que hay que seleccionar sus flores una a una, con mucha delicadeza, y depositarlas en cestas en las que circule el aire. A continuación, se procede a retirar los apreciados estigmas para realizar su tostado y secado. En España, a diferencia del resto de Europa, su cultivo sobrevivió a otras especies exóticas y es el segundo productor mundial de azafrán tras Irán. Castilla-La Mancha es la comunidad que produce el 90 % de la producción nacional y se reconoce como denominación de origen protegida (DOP). En menor cantidad, también se produce en zonas como Valencia, Murcia, Alicante, Teruel o Baleares.

◆ TIENE ALGUNAS CONTRAINDICACIONES...

Su consumo no debe ser excesivo (de 1 a 3 hebras por persona, máximo), ya que puede producir irritaciones gástricas, mareos y no es adecuado para mujeres embarazadas.

Consejos de Aizpea

Cuando voy a utilizar el azafrán, me gusta darle un pequeño tostado en la sartén, envuelto en papel de aluminio, para potenciar su sabor y aroma.

La cosecha del azafrán es una
tarea muy delicada que se hace
manualmente. En algunos lugares
recogen sus aromáticos filamentos
de color rojo con pinzas, flor a flor
y uno a uno.

El orégano es una de las plantas
silvestres que aún está muy presente
en los montes mediterráneos y
cualquiera puede recolectarla.

ORÉGANO

Origanum vulgare

◆ FICHA TÉCNICA

Su nombre se lo pusieron los griegos y significa 'la alegría de la montaña'.

Es una rama llena de hojas verdes y pequeñas, cuyo aroma se intensifica a medida que van secándose en el campo con el sol.

Es una planta autóctona procedente de Eurasia y del Mediterráneo y se utiliza desde la Antigüedad no solo en gastronomía, sino también por sus efectos medicinales.

◆ ¿DÓNDE LES GUSTA CRECER?

Dependiendo del clima, estación del año, tipo de suelo, etc., condicionan su composición química, con lo que sus aceites son diferentes en cada una de sus especies.

◆ EL ORÉGANO COMO FUENTE DE SALUD

Además de ser una especia que se utiliza para aderezar pastas, etc., por sus buenos efectos digestivos, es un antibiótico natural que ayuda a combatir microbios y bacterias. Es fuente de minerales esenciales, como el magnesio y el calcio. Además contiene vitaminas C, E y K, omega 3 y otros compuestos beneficiosos para la salud.

◆ TIENE ALGUNAS CONTRAINDICACIONES...

No debe ser utilizado por las embarazadas, así como tampoco por las personas alérgicas a esta planta. Tampoco es indicado su uso en los niños.

Consejos de Aizpea

Con las hojas de orégano fresco se pueden preparar infusiones que son muy digestivas. En gastronomía es ideal para añadir a las bases de pizzas, salsas de tomate y aderezos de carnes. Se utiliza también en la preparación de aceite de orégano para condimentar cualquier ensalada o verdura.

ALBAHACA

Ocimum basilicum

◆ FICHA TÉCNICA

Es una de las hierbas aromáticas más populares del mundo, con su característico aroma fresco, dulzón y muy penetrante. Es una planta perenne anual, procedente de climas tropicales. A Europa llegó, seguramente, a través de la India, gracias a las rutas comerciales, hace más de dos mil años. No alcanzan gran altura; sus tallos se cubren de hojas ovaladas de diferentes tamaños y tonalidades, desde el verde hasta el morado. En la civilización egipcia se utilizaba para embalsamar a los muertos.

◆ ¿DÓNDE LES GUSTA CRECER?

Actualmente, su producción se extiende por todo el mundo, gracias a los cultivos protegidos. En su estado ideal precisa de climas cálidos y tropicales para su correcto crecimiento. Necesita un buen sustrato, humedad constante y varias horas de luz. No soporta bien las heladas y los ambientes secos.

◆ LA ALBAHACA COMO FUENTE DE SALUD

Destaca por su alto contenido en potentes antioxidantes que protegen frente a los radicales libres.
Se le atribuyen propiedades antiinflamatorias, digestivas, relajantes y analgésicas.
Su mayor atractivo radica en el ámbito culinario, gracias a que nos aporta unos efectos relajantes y estimulantes del apetito.

◆ TIENE ALGUNAS CONTRAINDICACIONES...

Su consumo está contraindicado en las mujeres embarazadas y en las personas alérgicas a la planta.

Consejos de Aizpea

Una receta fácil para hacer en casa, cuando os animéis a plantar una maceta de albahaca en vuestra ventana o balcón.
Salsa de pesto: 100 g de hojas de albahaca fresca, 200 g de queso parmesano, 70 g de piñones, 2 dientes de ajo, 150 ml de AOVE y sal. Colocamos, en un vaso de batidora, las hojas de albahaca, los ajos y los piñones, tostados con la mitad del aceite, y lo trituramos. Añadimos el queso rallado y el resto del aceite. En caso de que nos quede un poco espesa, se le puede añadir agua.

La albahaca es una planta muy sencilla
de cuidar. Puede crecer en una maceta
cerca de una ventana con luz. Es una
buena candidata para iniciarse en
el cultivo de plantas aromáticas.

Una de las leyendas más
extendidas cuenta que las
hojas de tomillo brotaron
de las lágrimas de Helena
de Troya.

TOMILLO

Thymus vulgaris

◆ FICHA TÉCNICA

Es un arbusto enano, de hoja perenne, que crece
y se ramifica horizontalmente. Sus flores atraen a
las abejas y a diferentes mariposas, por lo que, en
algunas regiones, se cultivan próximos a los huertos
para asegurar el suministro de polinizadores.
Es una planta comúnmente utilizada en la
gastronomía mediterránea y de la que existen
cientos de variedades. Su origen se remonta al
antiguo Egipto, donde se utilizaba en los procesos
de embalsamiento.
En la Antigüedad se usaba también como insecticida,
para la elaboración de perfumes y la aromatización
de licores y aceites.

◆ ¿DÓNDE LES GUSTA CRECER?

Crece en climas templados y de montaña; es una
planta silvestre que resiste bien las heladas y
las sequías. Le gustan los suelos bien drenados
y muy soleados.

◆ EL TOMILLO COMO FUENTE DE SALUD

Los griegos lo utilizaban con fines medicinales, como
antiséptico, para dolores articulares y enfermedades
del pecho. Contiene timol y carvacrol, que son los
responsables de su aroma, así como ácidos fenólicos
y taninos en abundancia, que producen efectos
terapéuticos.
Es beneficioso contra enfermedades respiratorias
por sus propiedades expectorantes, que ayudan a
combatir los catarros, gripes y derivados. También
es bueno para tratar alergias, picaduras de insectos,
conjuntivitis, ya que se aplica externamente
a modo de infusión, así como para las afecciones
gástricas de todo tipo.

◆ TIENE ALGUNAS CONTRAINDICACIONES...

En líneas generales, el tomillo es una planta segura
para cualquier edad. Los aceites elaborados a partir
del tomillo no deben ser ingeridos por embarazadas
ni menores de doce años. De todas formas, como
todas las plantas, no debe abusarse de su consumo,
ya que puede producir efectos contrarios y nocivos.

Consejos de Aizpea

Donde más me gusta el tomillo es en los asados
del conejo y cordero. El tomillo limonero lo
utilizo en la elaboración de postres, para
infusionar y aromatizar leches que pueden
convertirse en helados, crema inglesa, crema
pastelera, flanes, etc.

LAUREL

Laurus nobilis

◆ FICHA TÉCNICA

El laurel es un árbol de gran tamaño que puede llegar hasta los 9 m de altura y sus hojas son perennes y muy gruesas, de forma elíptica, brillantes y de un color verde oscuro.

Aunque no está muy clara su procedencia, es posible que sea originario de Asia Menor y de allí se extendió por toda la zona mediterránea.

Según creencias mitológicas, Dafne, al verse perseguida por Apolo, pidió ayuda a la Madre Tierra, quien la convirtió en árbol (laurel). A partir de ese momento, el laurel se convirtió en símbolo de triunfo, y se utilizó como corona que se coloca en la frente de las personas premiadas.

Su madera es muy dura y se emplea habitualmente para trabajos de marquetería.

◆ EL LAUREL COMO FUENTE DE SALUD

Las hojas del laurel frescas son una rica fuente de vitamina C, un poderoso antioxidante, y contienen también vitaminas A y B. Asimismo son ricas en minerales, como cobre, manganeso, zinc, magnesio y potasio.

Tiene usos medicinales, ya que contiene propiedades astringentes, diuréticas y estimulantes del apetito. Se utiliza con fines cosméticos para quemaduras, hongos, contusiones o acné. El ácido láurico que contiene sirve también como repelente de insectos.

◆ ¿DÓNDE LES GUSTA CRECER?

El laurel crece en terrenos húmedos y sombreados, en cualquier tipo de suelo, pero sobre todo en tierras calizas. Es muy sensible a las heladas.

◆ TIENE ALGUNAS CONTRAINDICACIONES...

Su abuso puede producir vómitos y náuseas. Por lo tanto, no es aconsejable su consumo en personas con úlceras o gastritis.

Consejos de Aizpea

Es una hoja que utilizamos a menudo, una vez seca, en guisos, en estofados y en cocciones de legumbres y casquería, por su aroma intenso, fresco, dulce y algo amargo, que aporta un sabor característico a los guisos. También lo utilizamos en marinados y escabeches. *Receta para cualquier tipo de escabeche (carne, pescados, verduras):* 300 g de AOVE, una lámina de piel de naranja, otra de limón, 6 granos de pimienta, 1 hoja de laurel, 3 dientes de ajo y 100 ml de vinagre de manzana. Ponemos todos los ingredientes, excepto el vinagre, en una cazuela al fuego y, una vez dorados los ajos, añadimos el vinagre e introducimos el producto que se quiera escabechar. El tiempo de cocción dependerá del producto y de su tamaño.

Aunque las hojas de laurel
se usan mucho en la cocina, es uno
de los pocos productos alimenticios que
en realidad no nos comemos, solo lo usamos
para saborizar los platos.

El pimentón es un condimento fundamental también en otras cocinas
del mundo, como la india y la húngara.

PIMENTÓN

Condimento en polvo hecho de algunos tipos de pimiento

◆ FICHA TÉCNICA

Este «oro rojo» es el resultado de la molienda de pimientos rojos, de diversas variedades, que se cultivan en la comarca de La Vera, provincia de Cáceres. Una vez deshidratados, se les quita las semillas y se muelen, y el resultado puede ser picante, dulce, agridulce o ahumado.

El pimiento llegó procedente de América y fue una ofrenda a los Reyes Católicos en el monasterio de Guadalupe. En el siglo XVI es introducido en La Vera por los monjes del monasterio de Yuste.

◆ EL PIMENTÓN COMO FUENTE DE SALUD

Tiene un aporte calórico importante; abundantes vitaminas A, C, E y del grupo B, así como ácido fólico; también minerales, como el fósforo, magnesio, potasio y calcio, y otros componentes, como carotenos y betacarotenos.

Por sus propiedades, favorece la formación de colágeno y tiene efectos antioxidantes. Es un alimento recomendado para personas con anemia por su alto contenido en hierro.

◆ ¿DÓNDE LES GUSTA CRECER?

El clima ideal para su cultivo es el mediterráneo continental, con veranos secos e inviernos moderados. Por las características de la comarca de La Vera y los abundantes caudales de la sierra, se ve altamente favorecido su cultivo. Su recogida comienza cuando los pimientos ya están maduros. Luego se procede a su secado al humo de encina y roble, de forma tradicional; la duración de este proceso es de 10-15 días, y hay que voltearlo, de forma manual, cada día.

◆ TIENE ALGUNAS CONTRAINDICACIONES...

Puede estar contraindicado en personas alérgicas.

Consejos de Aizpea

Os voy a dar una receta que no habéis hecho nunca con el pimentón: caramelo de pimentón, ideal para ensaladas de bacalao, de queso, asados de carne, etc.

Necesitaremos 200 g de azúcar, 100 ml de agua y 30 g de pimentón. Hacemos un caramelo con el azúcar y un chorrito de agua y, una vez tome color tostado, añadimos el agua mezclada con el pimentón. Dejamos cocer a fuego bajo durante unos 10 minutos hasta que se haya formado un jarabe de pimentón. Colar y enfriar.

PIMIENTA

Piper nigrum

◆ FICHA TÉCNICA

Es una planta de la familia de las papiráceas cuyo fruto se puede utilizar entero o en polvo. Sus variedades son negra, blanca o verde, y la diferencia entre ellas es su grado de maduración. Se trata de una planta trepadora que proviene de la India y es de hoja perenne. Se compone principalmente de un alcaloide llamado «piperina», compuesto que le aporta su sabor picante.
En Oriente se utiliza desde hace más de cuatro mil años y en Europa se introdujo a lo largo del tiempo, formando parte de su desarrollo comercial y económico.

◆ ¿DÓNDE LES GUSTA CRECER?

La pimienta es oriunda de climas tropicales y florece cuando la temperatura ambiente alcanza los 25-29 °C.
Necesita sol indirecto durante 6-8 horas al día y su tierra debe tener un buen drenaje.

◆ LA PIMIENTA COMO FUENTE DE SALUD

Es un condimento rico en magnesio y potasio y tiene mucha fibra. Asimismo contiene minerales esenciales, como el calcio, hierro, sodio, fósforo y zinc. Tiene poder antioxidante por su aporte de vitamina C y betacarotenos.
Ayuda a mejorar la digestión. Contiene un componente (capsaicina) que estimula las secreciones y despeja la respiración.

◆ TIENE ALGUNAS CONTRAINDICACIONES...

La ingesta excesiva de pimienta puede producir reacciones e irritaciones en el organismo, así como problemas gastrointestinales y colon irritable.

Consejos de Aizpea

En nuestra cocina utilizamos mucho la pimienta en grano para aromatizar caldos, guisos y salsas, pero si queréis una receta tradicional que se utiliza a menudo como acompañante de carnes, aquí os la dejo:
1 cucharada de mantequilla, 10 granos de pimienta, un chorrito de brandy, 200 ml de nata, una pizca de sal.
Marcamos en una sartén la pieza de carne, con AOVE, hasta que esté bien dorada. Retiramos la carne y, en esa misma sartén, añadimos la mantequilla, los granos de pimienta, el brandy y, por último, la nata. Dejamos reducir durante unos 10 minutos. Lo colamos y lo ponemos en una salsera.

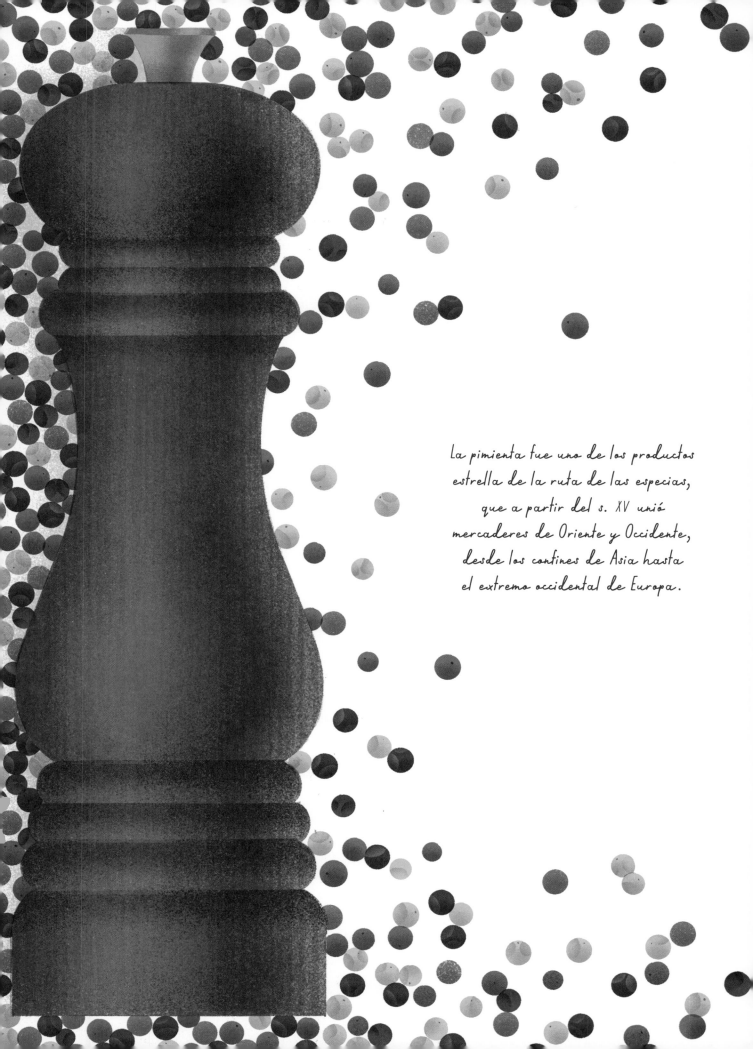

La pimienta fue uno de los productos
estrella de la ruta de las especias,
que a partir del s. XV unió
mercaderes de Oriente y Occidente,
desde los confines de Asia hasta
el extremo occidental de Europa.

A menudo se toma la cúrcuma
mezclada con pimienta negra porque
se cree que la combinación
hace que el cuerpo absorba mejor
sus ingredientes activos.

CÚRCUMA

Curcuma longa

◆ FICHA TÉCNICA

Es una planta cuya raíz, de color naranja o amarillo intenso, transformándola en polvo es lo que conocemos comúnmente como esta especie colorante y con toques a jengibre.
Esta planta forma parte de uno de los ingredientes del curri.
Es originaria del sudeste asiático y la India, donde fue utilizada por primera vez entre los años 600 y 320 a.C.

◆ ¿DÓNDE LES GUSTA CRECER?

Los principales productores, en la actualidad, son la India, China, Sri Lanka y Filipinas.
Es una planta que necesita calor, humedad y una temperatura media de 20 ºC y máxima de 30 ºC. El suelo debe ser básicamente franco-arenoso o franco-arcilloso, siendo este último el ideal, ya que retiene mejor el agua.

◆ LA CÚRCUMA COMO FUENTE DE SALUD

Los chinos ya lo utilizaban en la Antigüedad con fines medicinales, como remedio hepático, y para la cosmética.
Es un excelente tónico biliar que favorece el drenaje hepático. Sus aceites volátiles, resinas y azúcares contribuyen a sus poderes de sanación. Se considera un antibiótico natural y tiene propiedades antiinflamatorias.

◆ TIENE ALGUNAS CONTRAINDICACIONES...

Su consumo debe ser moderado, no solo por su intenso sabor sino porque contiene un gran número de microtoxinas. Asimismo en embarazadas y en personas con problemas en la vesícula biliar.

Consejos de Aizpea

Se le denomina el «azafrán del pobre», porque se utiliza habitualmente para aromatizar y colorear nuestras paellas, sopas, infusiones, cremas y para la elaboración de panes.

El hinojo es una planta frecuente en la confección de encurtidos, como las berenjenas aliñadas manchegas, a las que se les pone un trocito del tallo del hinojo para sujetar el relleno.

HINOJO

Foeniculum vulgare

◆ FICHA TÉCNICA

Es una hierba perenne y muy aromática. Su planta es muy robusta y en su madurez puede alcanzar los 2 metros de altura.

Las hojas son de color verde, de aspecto plumoso y forma triangular.

En el antiguo Egipto ya se tiene constancia de su utilización como alimento, pero especialmente con fines medicinales, y fue extendiéndose a los países de la cuenca mediterránea.

Del hinojo podemos disfrutar de todas sus partes: las hojas, como hierba aromática; la semilla, como especia; y el tallo y bulbo, como hortalizas.

◆ ¿DÓNDE LES GUSTA CRECER?

El hinojo comienza a florecer a mediados de junio y sus frutos aparecen en agosto, aunque puede variar en función del clima y la altitud.

Crece de forma silvestre en prados secos, márgenes de caminos, bosques, riberas y matorrales. No le gusta el ambiente frío de las montañas; como consecuencia, tolera muy bien la sequía y los golpes de calor.

◆ EL HINOJO COMO FUENTE DE SALUD

Su valor energético es bajo. Es rico en hidratos de carbono y fibra. Entre sus vitaminas podemos encontrar la B3, el ácido fólico y la provitamina A, además de minerales, siendo el potasio el más destacado.

Ayuda a la secreción de jugos gástricos, favorece la expulsión de gases y ayuda a la depuración de toxinas por medio de la orina.

◆ TIENE ALGUNAS CONTRAINDICACIONES...

En líneas generales, el hinojo se considera una planta segura, incluso para ancianos y niños.

Sin embargo, hay que tener cuidado con el consumo de aceite esencial de hinojo por su alto contenido en anetol y estragol, que podría producir somnolencia y arritmias.

Consejos de Aizpea

Por su intenso sabor y toques anisados, es una especia que me gusta utilizar con prudencia para no desvirtuar los sabores y aromas de otros alimentos.

Una receta que me ha marcado en mi trayectoria profesional la aprendí en casa de Martín Berasategui; me enseñó a preparar un helado de hinojo para una receta salada. ¡Jamás he probado una cosa igual!

SAL

Cloruro sódico

◆ FICHA TÉCNICA

Sus orígenes se establecen en China en el año 2670 a.C., en un lugar lleno de montañas, lagos salados y sol.

En Egipto se encontraron momias conservadas con arenas salinas del río Nilo.

Los romanos lo utilizaban como conservante de pescados, carnes y legumbres. Asimismo era moneda de pago de una jornada de trabajo; de ahí deriva la palabra "salario".

Este ingrediente, de uso tan común, es considerado como un tesoro gastronómico. Se trata de una roca comestible compuesta por pequeños cristales, que deben mantenerse fuera de la humedad.

◆ ¿DÓNDE LES GUSTA CRECER?

La obtención de la sal se realiza de dos formas: por evaporación de una salmuera o por medio de minerales extraídos de minas.

El 50 % de la sal que consumimos procede del mar y el otro 50 %, de las minas.

China es el mayor productor de sal, seguido de EE.UU.

◆ LA SAL COMO FUENTE DE SALUD

No solo es un condimento potenciador de los sabores; sobre todo es un mineral indispensable para la vida, ya que nuestro organismo lo necesita para su correcto funcionamiento.

Una de las mayores producciones de sal en España son las salinas del valle de Añana, en la provincia de Álava. Sus orígenes, aunque sin documentar, se remontan a miles de años, pero su explotación está documentada desde el año 822.

La sal llegó a ser conocida como «oro blanco».

◆ TIENE ALGUNAS CONTRAINDICACIONES...

El exceso de sal puede causar daños en los riñones, problemas en la presión arterial, trastornos cardiovasculares, etc.

La OMS recomienda consumir como máximo 5 g al día de sal.

Consejos de Aizpea

La flor de sal o sal en escamas es un producto absolutamente natural, sin ningún tratamiento, y puede ser de procedencia marina o de yacimientos salinos.

Cómo podemos hacer sal de vino tinto:
Colocamos en una bandeja la sal en escamas y cubrimos con vino tinto. Lo dejamos secar al sol, moviéndolo cada día con las manos hasta su secado total durante unos 4-5 días. Se guarda en un recipiente de cristal y se puede utilizar en platos de carne, caza, *foie*, etc.

En la Antigüedad, los bloques
de sal fueron uno de los productos
comerciales más lucrativos.
En África, había rutas por
todo el continente que partían
desde las minas de sal
del desierto del Sáhara.

Es frecuente encontrar
el comino en las mezclas
de especias más famosas,
como el ras-el-hanout
de Marruecos o el masala
de la India.

COMINO

Cuminum cyminum

◆ FICHA TÉCNICA

El comino es una especie herbácea, cuyas semillas aromáticas se utilizan como especias. Su origen se remonta a la Antigüedad, en el sudeste de Asia, siendo muy popular en la antigua Grecia. Se utiliza sobre todo en la cocina árabe y mediterránea, entre otras. Su sabor es muy característico: combina el amargo y el dulce con notas picantes y cítricas. Tras su tostado, se realzan sus sabores.

◆ ¿DÓNDE LES GUSTA CRECER?

El comino crece en climas soleados, templados y cálidos, típicos del clima mediterráneo. Su suelo más adecuado es de tierra caliza y bien drenada. Sus semillas se plantan en primavera y la recolección se realiza a finales de verano.

◆ EL COMINO COMO FUENTE DE SALUD

Es una buena fuente de hierro. Los componentes del comino ayudan a mantener una excelente salud estomacal, combatiendo cólicos y otros problemas intestinales. Una infusión de comino ayuda a prevenir el insomnio por sus efectos relajantes.

◆ TIENE ALGUNAS CONTRAINDICACIONES...

Por su contenido en aceites esenciales, no se recomienda su consumo a niños, mujeres embarazadas, personas con gastritis, úlceras, etc., ni alérgicas a dichos aceites esenciales.

Consejos de Aizpea

Una manera fácil de utilizar el comino en nuestras casas, para toda la familia, es el humus. Aquí os dejo la receta: 1 bote de garbanzos cocidos y escurridos, zumo de 1 limón, 1 cucharada sopera de tahini o puré de sésamo, 1 diente de ajo, 2 cucharadas de AOVE, 1 cuchara pequeña de comino en polvo y sal. Colocamos todos los ingredientes en la batidora y trituramos hasta que nos quede una pasta homogéna.

CLAVO

Syzygium aromaticum

◆ FICHA TÉCNICA

El árbol de donde proviene el clavo se llama
«clavero» y proviene de Indonesia. Son sus capullos
secos o flores sin abrir. Su nombre hace referencia
a su forma, parecida a un clavo.
Por su intenso aroma y sabor penetrante,
lo utilizaban desde el año 200 a.C. los habitantes
de la antigua China, que lo consumían para
conseguir un aliento dulce y agradable antes
de presentarse ante su emperador.

◆ ¿DÓNDE LES GUSTA CRECER?

El árbol produce sus mejores frutos cuando
alcanza los 6-8 años de edad. Suele producir
unos 34 kg, que son recogidos del árbol
y posteriormente secados a la luz del sol.
Su cosecha se lleva a cabo entre septiembre
y febrero.
En la actualidad, el clavo de olor se cultiva
en las islas Zanzíbar y Pemba, situadas en
la costa este de África. También en el Caribe
y en Centroamérica.

◆ EL CLAVO COMO FUENTE DE SALUD

El clavo tiene altos niveles de magnesio,
vitamina C, K, potasio, calcio y ácidos grasos
omega 3. Es reconocido por su poder anestésico
local en tratamientos dentales.
También se utiliza para tratar problemas
digestivos, náuseas, etc.

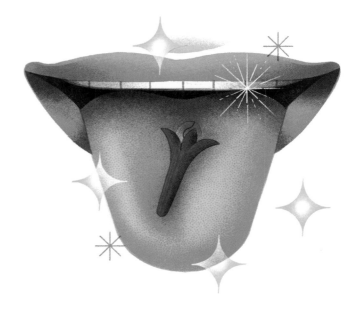

◆ TIENE ALGUNAS CONTRAINDICACIONES...

Su consumo debe ser por vía oral en cantidades
presentes en los alimentos, en cuyo caso su ingesta
es segura.
No es recomendable para mujeres embarazadas,
tampoco tras intervenciones quirúrgicas, ya que
puede tener efectos anticoagulantes y, en algunos
casos, provocar alergias.

Consejos de Aizpea

En uno de nuestros platos del menú
degustación, utilizamos el clavo de la siguiente
forma: sardina ahumada sobre carpaccio
de kakis y clavo, y sorbito de ajo blanco.

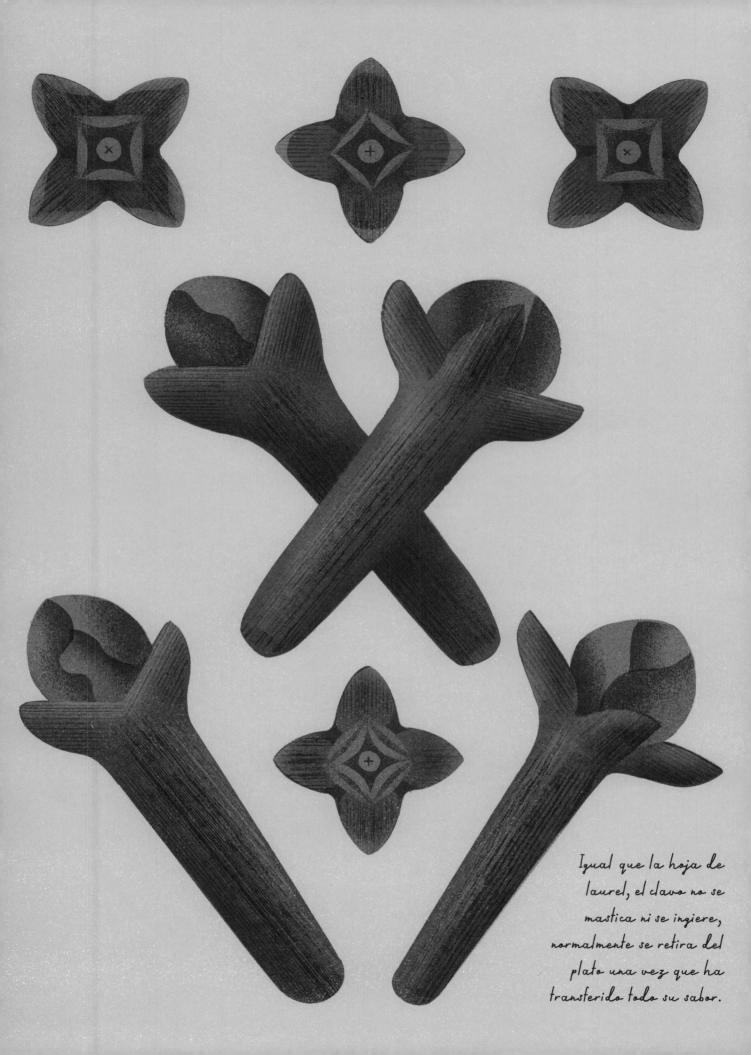

Igual que la hoja de laurel, el clavo no se mastica ni se ingiere, normalmente se retira del plato una vez que ha transferido todo su sabor.

CEBOLLA

**La cebolla me invita a su oscuro apartamento.
Tiene las persianas bajadas y suena música de Chopin.
La primera pregunta es un formalismo, ya sé lo
que me va a responder, ya sé cómo se siente.**

CEBOLLA: Fatal, horrible. Todo es una tragedia, un drama.

CONRAD: ¿Quieres un pañuelo?

CEBOLLA: Gracias, ábreme otro paquete. La verdad es que ser una cebolla es terrible. Nada tiene sentido. Te quitan la piel, te cortan, te pican... yo qué sé qué más te hacen, es que tú me dirás... ¡BUAAAAAH!

CONRAD: Eres una importante fuente de vitaminas y combinas bien en todo tipo de platos. ¿No te da eso motivos para ser feliz? ¿Qué sería de las empanadas sin ti?

CEBOLLA: A mí que me importa eso. ¡BUAAAAAAAH! Estoy condenada, ese es mi destino. Me van a freír. ¡Me van a sofreír! ¿Cómo no voy a estar pocha? ¡Me van, literalmente, a pochar! Y lo que es peor... ¡no me han seleccionado para salir en este libro!

CONRAD: No me quiero ir sin hacerte una última pregunta. La tortilla, ¿con o sin cebolla?

CEBOLLA: ¡Buaaaaaaaaah!

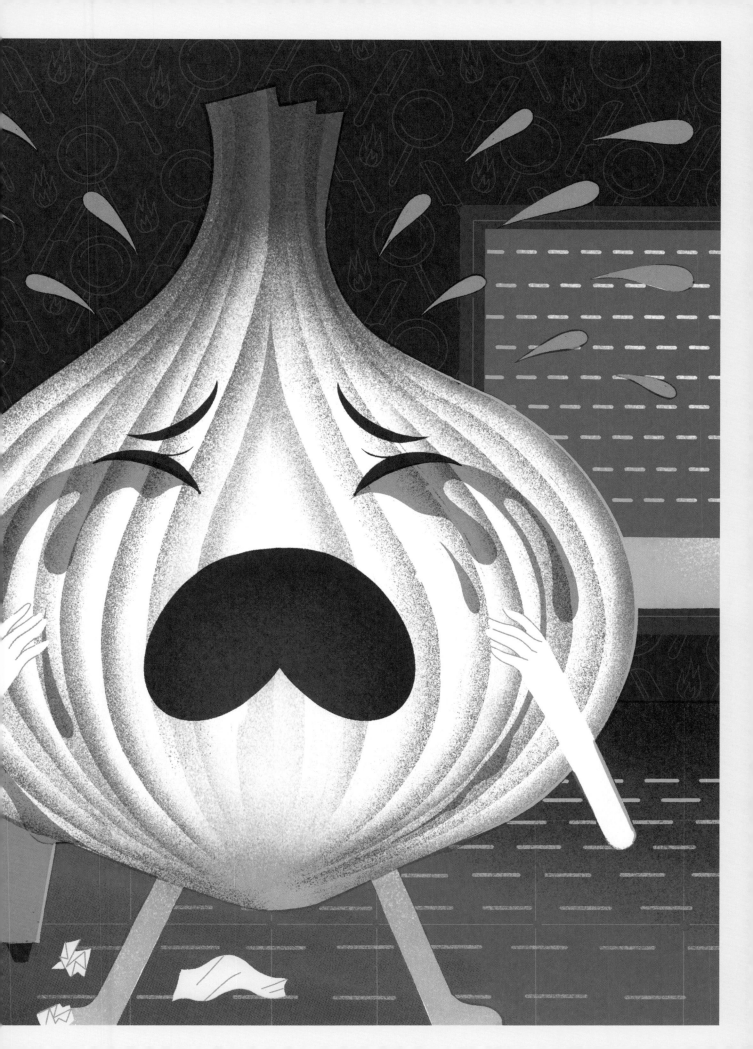

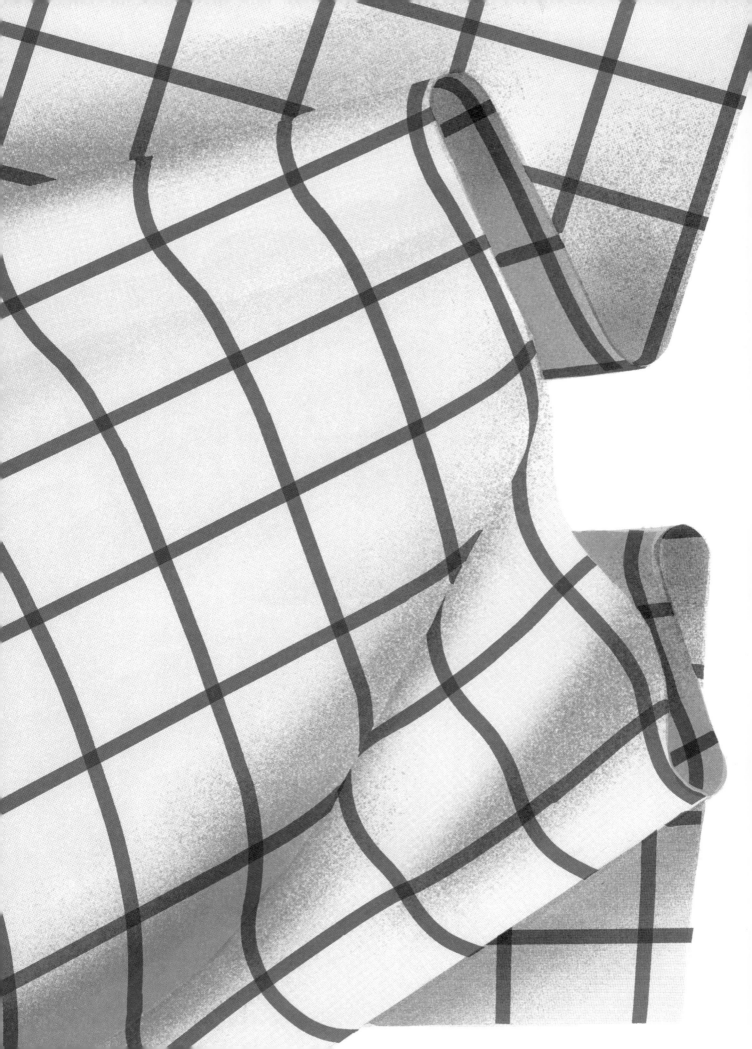

ALIMENTOS DE ORIGEN ANIMAL

ANCHOA

Engraulis encrasicolus

◆ FICHA TÉCNICA

La anchoa es un pescado azul pequeño (15-20 cm).
Fue muy utilizada, en **salazón**, por navegantes y
mercaderes a lo largo de la historia para conseguir
que se conservara bien.
Las anchoas suelen formar grandes bancos que
suben a la superficie durante la noche para
alimentarse de plancton, aunque sus especies
más grandes complementan su dieta con la ingesta
de otros peces.

◆ ¿DÓNDE LE GUSTA CRECER?

La anchoa vive en océanos (Atlántico, Pacífico,
Índico), así como en el mar Mediterráneo.
Es una especie que abunda en el golfo de Vizcaya
y, durante los meses de abril a junio, en los que sus
aguas están más templadas, se acercan a nuestras
costas.
En esta época es cuando comienza su temporada
de pesca y consumo.

◆ LA ANCHOA COMO FUENTE DE SALUD

Son ricas en ácidos grasos omega 3 e ideales para
una dieta equilibrada, pues reducen el colesterol
y los triglicéridos.
Presentan un alto contenido en proteínas, similar
al de los huevos y la carne. Contienen hierro, yodo
y mucho calcio en sus espinas. También tienen
vitaminas A y D, que ayudan a mejorar la visión
y el sistema inmunológico.

◆ TIENE ALGUNAS CONTRAINDICACIONES...

Como el resto de los pescados azules, sus **purinas**
elevan el ácido úrico, por lo que no conviene
que las consuman personas que sufran de gota.
Las anchoas en **salazón** no son recomendables
para quienes padezcan hipertensión.
Asimismo pueden aparecer en ellas **anisakis**, por
lo que resulta recomendable congelarlas.

Consejos de Aizpea

Si queréis marinar las anchoas en casa, elegid
siempre las más grandes y carnosas.
Al limpiarlas, dejad la colita y guardad la espina
central. Primero ponemos una capa de anchoas
con la piel hacia abajo, en mariposa; rociamos con
sal fina y cubrimos con vinagre; colocamos otra
capa y repetimos la operación. Hay que dejar las
anchoas en frío durante unas 6 h.
Se dividen sus lomos y se ponen en otra
bandeja de forma ordenada, con la piel hacia
arriba, y se cubren con AOVE.
Con las espinas que hemos reservado,
y que habremos introducido previamente
en agua y hielo para su limpieza, las secamos
con papel absorbente, las salpimentamos,
enharinamos y freímos como si fueran chips.
¡Son un gran depósito de calcio!

El boquerón y la anchoa son el mismo animal. Cuando lo preparamos
en salazón, lo llamamos «anchoa». Si es frito o en vinagre, decimos «boquerón».

El atún rojo, muy apreciado por el sabor de su carne, es uno de los animales en grave peligro de extinción, debido a la sobrepesca.

ATÚN

Peces del género *Thunnus*

◆ FICHA TÉCNICA

El atún es un pescado azul que pertenece al género de peces óseos marinos.

Nada, en general, a una velocidad media de 3-7 km/h, pero en algunos casos puede llegar a los 70 km/h.

Realiza recorridos muy largos y algunas especies se pueden sumergir hasta los 400 m de profundidad. Algunas de sus características son: cabeza, ojos y boca pequeños; la longitud de su mandíbula inferior es mayor que la de la superior. Su cuerpo presenta tonos gris azulado oscuros, con reflejos metálicos y vientre plateado.

En España, la historia del atún se remonta hasta los fenicios (800 a. C.), los fundadores de la ciudad de Cádiz. Esta civilización fue la que introdujo un nuevo sistema de pesca, la almadraba, que fue adoptado más adelante por los romanos y que ha llegado hasta nuestros días.

Se trata de un sistema de pesca sostenible: solo se capturan los ejemplares mayores y se dejan libres los de menor tamaño.

◆ ¿DÓNDE LE GUSTA CRECER?

Este pez depredador emigrante vive en el Atlántico y, en primavera, se acerca al Mediterráneo para reproducirse.

Su alimentación varía según las diferentes especies de atunes. Así, el atún de aleta azul consume una gran cantidad de peces, como arenques, lenguados, caballas, camarón, etcétera, y atunes más pequeños.

◆ EL ATÚN COMO FUENTE DE SALUD

En su alto contenido en grasas poliinsaturadas destaca el omega 3. También contiene grasas monoinsaturadas, beneficiosas para la circulación sanguínea y de gran ayuda para reducir el colesterol. Tiene un elevado porcentaje de proteínas, de fácil digestión, por lo que resulta idóneo para personas que deseen ganar masa muscular. Asimismo tiene vitaminas B2, B3, B6, B9, B12 y E, que es un gran antioxidante, y magnesio.

◆ TIENE ALGUNAS CONTRAINDICACIONES...

Es un pez que vive muchos años, por lo que puede acumular en su interior altos niveles de mercurio. Esto hace que no sea recomendable su consumo ni en niños ni en mujeres embarazadas.

Consejos de Aizpea

Al igual que ocurre con el cerdo ibérico, del atún se aprovecha todo. Una de las partes que más se cocina últimamente es la parpatana (el corte que se sitúa en el cuello, bajo la mandíbula), que contiene abundante grasa infiltrada y que es ideal para hacer guisos. En nuestra cocina lo utilizamos mucho en salmuera, en tartar, en tataki.

MERLUZA

Peces de la familia de los merlúcidos *(Merlucciidae)*

◆ FICHA TÉCNICA

La merluza es un pescado blanco de agua salada.
Se trata de un pez con cuerpo alargado y pequeñas escamas. Tiene boca grande, fuertes dientes
y mandíbula prominente.
Sube a diario a la superficie para alimentarse y vuelve a descender a unos 200 m de profundidad.
Antiguamente, los romanos la consumían en salazón. A partir del siglo xv ya se pescaba
y comercializaba en nuestras costas.

◆ ¿DÓNDE LE GUSTA CRECER?

Se encuentra sobre todo en Argentina (océano
Atlántico), Chile y Perú (océano Pacífico).
En el sector Atlántico, se relaciona directamente
con la corriente de las Malvinas.
La temperatura del agua puede oscilar entre
los 3 y los 18 °C.
En Europa, la temporada de la merluza se sitúa
entre abril y junio y su procedencia ideal es la
del Atlántico.

◆ LA MERLUZA COMO FUENTE DE SALUD

Dentro de Europa, la merluza es un pescado
muy consumido en España.
Aporta vitaminas del grupo B, minerales
(hierro, calcio, potasio, yodo, magnesio y fósforo),
y omega 3. Tiene muy pocas grasas y calorías.
Es recomendable para los niños, por su textura,
sabor y escasez de espinas, aunque siempre
hay que tener cuidado con ellas.

◆ TIENE ALGUNAS CONTRAINDICACIONES...

La merluza puede contener anisakis, por lo que
debe congelarse antes de ser consumida.
Los alérgicos al pescado no deben tomarla.

Consejos de Aizpea

Una forma divertida de cocinar el pescado
para los niños es preparar unas albóndigas
de merluza. Para ello, mezclamos la merluza
cruda y troceada, ajo, perejil, pan rallado,
huevo, patata cocida, sal y pimienta. Hacemos
unas bolitas y las freímos. Además, podemos
elaborar una salsa verde o de tomate para
acompañar las albóndigas de merluza.

Aunque en las pescaderías suele haber merluza todo el año,
la mejor opción para comprarla es entre abril y julio.

El color de los salmonetes varía en función
de la profundidad y de la época del año.

SALMONETE

Diversas especies del género *Mullus*

◆ FICHA TÉCNICA

Es un pescado semigraso de agua salada. Existen dos tipos: de fango (se halla en fondos de arena y fango) y de roca (en fondos de roca). Pueden encontrarse a una profundidad de hasta 120 m. Tienen unos barbillones (o barbas) debajo de su mandíbula inferior y utilizan las células sensitivas de estos para rastrear el fondo y localizar a sus presas.

Los griegos y romanos ya valoraban su delicioso sabor y sus excelentes propiedades.

Se alimentan de invertebrados, en particular de pequeños crustáceos y moluscos.

◆ ¿DÓNDE LE GUSTA CRECER?

Vive sobre todo en aguas del océano Atlántico y del mar Mediterráneo.

Para el salmonete mediterráneo, su mejor temporada es el verano y para el salmonete del Atlántico y del Cantábrico, el otoño.

◆ EL SALMONETE COMO FUENTE DE SALUD

En general, se considera que el salmonete es un pescado blanco, pero, en realidad, al ser semigraso, su porcentaje de grasa, que puede variar a lo largo del año, hace que se piense que es un pescado azul.

Posee un alto contenido en proteínas, vitaminas (del grupo B) y minerales (hierro, fósforo, magnesio, yodo), así como en omega 3. Como consecuencia de ello, este pescado tiene efectos antiinflamatorios, mejora los sistemas inmunológico, muscular y nervioso, potencia la memoria, fortalece los huesos y los dientes y previene contra la anemia.

◆ TIENE ALGUNAS CONTRAINDICACIONES...

Puede ser perjudicial para las personas alérgicas.

Consejos de Aizpea

Una forma muy curiosa de cocinar el salmonete, que aprendí de uno de mis maestros, Martín Berasategui, es la siguiente: se colocan los lomos, ya limpios pero sin desescamar, en una rejilla. En un cazo aparte, ponemos aceite muy caliente. Rociamos con este los lomos y, a medida que el salmonete se va haciendo, sus escamas se «erizan» hasta resultar crujientes.

RAPE

Peces de la familia de los lófidos *(Lophiidae)*

◆ FICHA TÉCNICA

«La belleza está en su interior».
Es un pescado blanco, plano, que vive en el fondo del mar. Se mueve utilizando sus aletas vertebrales, con las que se arrastra sobre la arena. Tiene una cabeza muy ancha y un cuerpo que se estrecha hasta la cola. Una de las características que más llama la atención del rape es su boca enorme, con forma de media luna y con los dientes afilados hacia dentro.
Su espina dorsal, que sobresale por encima de la boca, se asemeja a una antena o una caña que utiliza para atraer a sus presas. En algunas hembras esta antena es luminiscente.
Se nutre de otros peces y mariscos.

◆ EL RAPE COMO FUENTE DE SALUD

Este pescado blanco tiene poco aporte calórico y, por su bajo contenido en grasas, es de fácil digestión. Contiene vitaminas del grupo B y minerales (potasio, fósforo, magnesio y hierro).

Consejos de Aizpea

Siempre hemos utilizado la cabeza del rape para hacer fumet, pero no debe olvidarse que en ellas están ¡las carrilleras!, un verdadero manjar. A veces estas se pueden adquirir en las pescaderías sin tener que comprar todo el ejemplar. Podemos prepararlas rebozadas, en salsa verde, con un arroz cremoso, etcétera. Otra parte bastante desconocida y de gran valor gastronómico es el hígado de rape, que se puede hacer a la plancha, cocido o como una *mousse*.

◆ ¿DÓNDE LE GUSTA CRECER?

La mayor parte está en el océano Atlántico, en las costas de Europa, en América del Norte y en la Antártida. Asimismo se puede encontrar en el Mediterráneo y en el mar Negro.
Puede alcanzar una profundidad de 100-1.000 m. Podemos encontrar rape durante todo el año, pero la mejor época para su consumo es durante la primavera.

◆ TIENE ALGUNAS CONTRAINDICACIONES...

Puede contener anisakis.

Los rapes macho son mucho más pequeños que las hembras. Para aparearse, se acoplan a una hembra hasta fundirse literalmente con ella, conectando con su piel y volviéndose un compañero parásito de por vida.

El caviar blanco, procedente
del esturión beluga albino, puede
alcanzar los 30.000 euros el kilo.

ESTURIÓN

Peces de la familia de los acipenséridos *(Acipenseridae)*

◆ FICHA TÉCNICA

El esturión es un pescado semigraso, con huesos cartilaginosos en lugar de espinas. Puede hallarse en agua salada o dulce y de él se obtiene el muy conocido y apreciado caviar.

Parece ser que su origen se encuentra en el periodo de los dinosaurios y tiene más de ciento veinte millones de años de antigüedad. Hay constancia de que los fenicios (hace tres mil años) conocían su existencia.

Su longitud varía entre los 80 cm y los 3 m y, debido a la sobrepesca, se encuentra en peligro de extinción. Su ciclo de vida es lento y pueden alcanzar los cien años.

◆ ¿DÓNDE LE GUSTA CRECER?

Vive en aguas costeras de Europa (de Islandia a Noruega) en el Mediterráneo y en el mar Negro. La mayoría de su vida adulta transcurre en el mar, pero desova en los ríos. Este pez regresa, año tras año, a la misma corriente en la que nació. Se alimenta de los fondos marinos. Utiliza su boca como ventosa y consume crustáceos y peces pequeños.

Las huevas frescas del esturión se salpresan y se obtiene el caviar.

◆ EL ESTURIÓN COMO FUENTE DE SALUD

La carne del esturión es blanca y muy jugosa, debido a su fina capa de grasa. Contiene ácidos grasos omega 3.

Sus huevas tienen una composición muy variada y aportan muchos nutrientes: vitaminas A y C y minerales (calcio, hierro, etcétera). Se dice que el mejor caviar del mundo es el que proviene del mar Caspio (Azerbaiyán, Irán y Rusia).

◆ TIENE ALGUNAS CONTRAINDICACIONES...

Se desconocen. Sin embargo, el caviar es poco aconsejable para aquellas personas que sufran de hipertensión o de alguna patología cardiaca.

Consejos de Aizpea

Se pueden realizar platos muy divertidos con el esturión ahumado, que se vende listo para su consumo. Por ejemplo, en ensaladas, **tartar** de esturión con eneldo, lima y cebollas encurtidas, en carpacho, etcétera.

El caviar se toma «a cucharadas».

TRUCHA

Ciertos peces de la familia de los salmónidos *(Salmonidae)*

◆ FICHA TÉCNICA

La trucha es un pescado azul de agua dulce que pertenece a la familia de los salmónidos. Es un pez camaleónico del que existe una gran variedad y su morfología difiere en función de su alimentación, de su ubicación, de su edad, etcétera. Asimismo, su tonalidad varía según la estación del año o la luz solar (incluso cambia de color cuando se siente amenazado).

◆ ¿DÓNDE LE GUSTA CRECER?

Algunos ejemplares pasan una parte de su vida en el mar y regresan a los ríos, remontándolos, para desovar y fecundar sus huevos. En estas aguas estarán entre uno y cinco años.
Su alimentación se basa en pequeños peces, crustáceos, insectos, etcétera. Casi toda la trucha que se comercializa es de cultivo.
En España existe una gran producción de truchas y, en algunas de sus comunidades, se están recuperando algunas especies para su repoblación natural, pero no para su consumo.

◆ LA TRUCHA COMO FUENTE DE SALUD

Entre los pescados azules, la trucha es el que contiene menos grasa (esta es poliinsaturada: omega 3).
Además, la trucha es muy rica en vitaminas (B3, B12 y D) y minerales (selenio, potasio, calcio, yodo y fósforo...). Como se puede comprobar, es un pescado completo y muy recomendado para la época de crecimiento.

◆ TIENE ALGUNAS CONTRAINDICACIONES...

Su consumo está contraindicado en personas alérgicas a pescados y mariscos. No es recomendable para las mujeres embarazadas o lactantes.
Tampoco deben tomarla quienes presenten afecciones hepáticas y gastrointestinales.

Consejos de Aizpea

Me gusta mucho emplear la trucha ahumada en platos de ensaladas con una base de tomates confitados. En el restaurante solemos ponerla en salmuera (mezcla de sal gruesa, azúcar y eneldo) para eliminar su agua (esta es una forma de conservación y preparación). El tiempo necesario dependerá del tamaño de sus lomos. Una vez retirada la salmuera, la introducimos en AOVE.

Las truchas son protagonistas de la pesca deportiva porque luchan con fuerza cuando se las pesca con caña. Son todo un reto para los amantes de este deporte.

Los salmones son un manjar para los osos
que los cazan con sus zarpas o incluso buceando
cuando los peces remontan los ríos.

SALMÓN

Ciertos peces de la familia de los salmónidos *(Salmonidae)*

◆ FICHA TÉCNICA

El salmón es un pescado azul, tanto de agua dulce como de agua salada, que pertenece a la familia de los salmónidos.

Por sus escamas, es posible deducir su edad y hasta el número de veces que ha desovado. Nadan en los ríos, corriente arriba, a una velocidad media de 6 km/h y son capaces de saltar hasta 3 m de altura. Recientes estudios sobre el comportamiento de los salmones y sus saltos señalan que estos pueden deberse a que necesitan expulsar de sus escamas a un parásito que se alimenta de su sangre y de su piel.

◆ ¿DÓNDE LE GUSTA CRECER?

Se encuentra en los océanos Atlántico y Pacífico y pasa de estas frías aguas a los ríos, donde fertiliza sus huevos. En ellos permanecerá durante dos años, hasta su regreso al mar. Cuando llega la época de la fertilización, vuelve al lugar donde nació, con lo que su ciclo vital se reanuda. Existen estudios que tratan de dilucidar cómo se orientan y parece probable que sea su sentido del olfato el que les permite reconocer la química de su río de origen.

◆ EL SALMÓN COMO FUENTE DE SALUD

El salmón es un alimento muy beneficioso para el corazón, por su alto contenido en proteínas y ácidos grasos omega 3, que contribuyen a disminuir los niveles de colesterol y los triglicéridos. El salmón es rico en vitaminas B3, B6 y D, así como en minerales (yodo, potasio, fósforo, zinc, magnesio, calcio, hierro, etcétera).

Todos estos componentes ayudan al buen funcionamiento del cerebro, previenen contra el envejecimiento y la aparición de coágulos y mejoran la memoria.

◆ TIENE ALGUNAS CONTRAINDICACIONES...

Se pueden dar casos de intolerancia alimentaria. No es recomendable su abuso en personas con ácido úrico, ya que contiene purinas que pueden aumentar su índice.

Consejos de Aizpea

Al ser un pescado bastante graso y con un sabor muy fuerte, la forma que más me gusta para cocinarlo es en papillote. Para ello, coloco sobre papel de aluminio una base de verduras en juliana para suavizar su sabor (por ejemplo, cebolla roja, puerro, apio y zanahoria). Le añado AOVE, un chorrito de vino blanco, sal y pimienta blanca. Después cierro el aluminio por todos los lados, sin dejar ningún resquicio. Lo cocino al horno a 180 °C durante unos 20 minutos, aproximadamente.

ALMEJA

Ruditapes decussatus y otros moluscos de la familia de los venéridos *(Veneridae)*

◆ FICHA TÉCNICA

Es un molusco bivalvo que vive bajo las arenas
y los barros de las orillas de ríos y mares,
a unos 5-30 cm de la superficie.
Las almejas no tienen cerebro ni ojos, pero sí
corazón, boca y recto.
Su alimentación proviene de los nutrientes de seres
vivos que se filtran a través del agua.
Se desplazan por medio del impulso que toman al
abrir y cerrar con fuerza sus dos conchas.

◆ ¿DÓNDE LE GUSTA CRECER?

Las almejas, en su estado salvaje, viven en los
litorales del Atlántico, el canal de la Mancha
y el Mediterráneo.
La mayoría de las almejas que se comercializan
en Europa proceden de cultivos.

Consejos de Aizpea

Como buena cocinera vasca, una de las formas
en las que más empleo este molusco
es en la receta «Merluza a la donostiarra»
(en salsa verde con almejas).
Un truco para abrir (asustar) las almejas
es sumergirlas en agua hirviendo durante
10 segundos y, después, introducirlas en
un bol con agua y hielo. Así conseguimos
que la cocción de la almeja sea muy corta y,
con la ayuda de una puntilla, la terminamos
de abrir y extraemos todo su jugo
del interior.

◆ LA ALMEJA COMO FUENTE DE SALUD

Son una importante fuente de hierro, que,
al combinarse con la vitamina B12, la cual
ayuda a su absorción, hace que las almejas se
conviertan en un alimento ideal para la prevención
de las anemias. Pueden encontrarse en ellas ácidos
grasos omega 3 (beneficiosos para el corazón),
así como calcio y yodo, que ayudan a mantener
nuestros huesos fuertes y firmes.

◆ TIENE ALGUNAS CONTRAINDICACIONES...

Contienen muchas purinas, una sustancia
que, al descomponerse, da lugar al ácido úrico.
Las personas alérgicas al marisco deben
evitarlas.

Algunas especies de almeja pueden
tener una esperanza de vida
de hasta ciento cincuenta años,
lo que las sitúa entre los animales
más longevos del Planeta.

Los calamares gigantes han dado origen a muchas leyendas y supersticiones en torno a los monstruos marinos.

CALAMAR

Moluscos de la familia de los téutidos *(Teuthida)*

◆ FICHA TÉCNICA

El calamar no es propiamente un pescado, sino que pertenece a la familia de los moluscos cefalópodos. Su piel posee unas células que varían de color en función de su estado, desde el transparente hasta el rosáceo o púrpura. Utilizan estos cambios de color para comunicarse entre ellos y como estrategia defensiva (como cuando expulsan su tinta negra). Alrededor de su boca tiene ocho brazos con ventosas y dos tentáculos.

◆ ¿DÓNDE LE GUSTA CRECER?

Vive en el mar, en aguas abiertas, en profundidades entre 15-600 m, y su movilidad es continua. Los calamares se encuentran en casi todos los océanos y, en función de cada variedad, unos se establecen en mares fríos y otros en mares tropicales.

Se alimentan de pequeños peces y crustáceos, así como de otros de su misma especie.

◆ EL CALAMAR COMO FUENTE DE SALUD

Es un alimento bajo en calorías. Tiene un elevado aporte proteínico y, por tanto, una considerable capacidad para saciar. Contiene una gran cantidad de minerales: fósforo, potasio, hierro, magnesio y zinc.

◆ TIENE ALGUNAS CONTRAINDICACIONES...

Es un alimento con un alto contenido en colesterol, por lo que las personas que presenten unos elevados niveles de este deben evitar su consumo. Tampoco es recomendable para las personas alérgicas.

Consejos de Aizpea

Una forma diferente de comer el calamar que aprovecha todos sus componentes, incluso su tinta, es hacer un arroz negro de chipirones. Para ello, echaremos la tinta de chipirón a un *fumet* de pescado y, al sofrito que hagamos (con cebolla, ajo, pimiento verde y los calamares en dados), le añadiremos el arroz y este *fumet*.

GAMBA

Ciertos crustáceos de diez patas del infraorden de los carídeos *(Caridea)*

◆ FICHA TÉCNICA

Crustáceo semejante al langostino.
Las gambas nacen como machos y,
a los dos o cuatro años de vida, cambian
de sexo. Su cáscara es frágil y flexible. Su corazón
se encuentra en la cabeza. Tienen un campo de
visión de 360° y sus bigotes son órganos
sensoriales que utilizan para moverse y
detectar alimentos y depredadores.

◆ ¿DÓNDE LE GUSTA CRECER?

Vive en fondos arenosos entre 100 y 450 m
de profundidad. Durante el día permanece
bajo la arena y, por las tardes-noches, sale
para alimentarse.
En España son conocidas y muy apreciadas,
entre otras, la gamba blanca de Huelva
y la gamba roja de Denia y de Palamós.

◆ EL GAMBA COMO FUENTE DE SALUD

Es una fuente de proteínas de alta calidad,
con poca grasa, que, además, es del tipo
omega 3.
Como en casi todos los mariscos, destaca
su gran contenido en yodo. También tiene potasio,
calcio, hierro y magnesio. Es rica en vitamina B
y, en menor proporción, vitaminas D y E.

◆ TIENE ALGUNAS CONTRAINDICACIONES...

Sus concentraciones en colesterol y purinas
son relativamente altas, por lo que no son
recomendables para personas con elevados
niveles de colesterol y ácido úrico.
Deben evitar su consumo las personas alérgicas
al marisco.

Consejos de Aizpea

Cuando en algunas recetas uso solo la carne
de las gambas, dejo las cabezas y las cáscaras
para preparar con ellas un aceite concentrado.
1 l de aceite de girasol y 250 g de cabezas y
cáscaras bastan para ello. Lo pongo al fuego
suave hasta que se evapore toda el agua
que sueltan y empiecen a dorarse. Después
lo paso por un chino, apretando bien, y lo
dejo enfriar. Este aceite será la base de
nuestras emulsiones.

A mucha gente le gusta chupar las
cabezas de las gambas porque contienen
jugos muy sabrosos. No obstante, distintas
agencias de seguridad alimentaria
desaconsejan hacerlo por la posible
concentración de cadmio, un elemento
tóxico para el cuerpo.

Para no confundir los bogavantes con las langostas, hay que recordar este detalle: los bogavantes tienen dos grandes tenazas; las langostas, no.

BOGAVANTE

Homarus gammarus y *Homarus americanus*

◆ FICHA TÉCNICA

El bogavante es un crustáceo marino (uno de los más grandes del fondo del mar).

Existe un *fósil* del Cretácico, en la zona de Canadá, que nos muestra que los cambios evolutivos de esta especie han sido mínimos, ya que sus características son iguales a las del bogavante actual.

Puede llegar a vivir hasta cincuenta años, con un lento crecimiento y con mudas regulares de su caparazón. Posee cinco pares de patas, de las cuales las dos primeras son dos grandes pinzas: una de ellas presenta los bordes afilados, que utiliza para cortar, y la otra muestra unos fuertes dientes para triturar.

El cuerpo o tronco tiene forma anillada y su cola parece un abanico. Su coloración oscila entre los tonos verdosos, marrones, negros o azules.

Es un animal solitario, agresivo, incluso propenso al canibalismo. Esa es la razón por la que, en los viveros, se atan sus patas delanteras.

◆ ¿DÓNDE LE GUSTA CRECER?

Vive en los fondos marinos y en zonas rocosas, donde aprovecha sus grietas como cuevas, a una profundidad que puede oscilar entre 2-50 m. Hay varios tipos de bogavante, aunque los más conocidos son el europeo (negro azulado con motas blancas) y el americano, conocido como «canadiense» (de color rojizo y de menor calidad).

Su alimentación está basada en peces pequeños, sepias, pulpos y moluscos.

◆ EL BOGAVANTE COMO FUENTE DE SALUD

Es un crustáceo rico en proteínas de alto valor biológico. Asimismo contiene yodo, selenio, fósforo y zinc, indispensables para el crecimiento, el sistema inmunitario, la prevención de enfermedades cardiovasculares y el mantenimiento de los huesos.

◆ TIENE ALGUNAS CONTRAINDICACIONES...

Contiene una cierta cantidad de colesterol, por lo que las personas que padezcan este tipo de dolencia deberán consumirlo con moderación, así como aquellas que sean alérgicas al pescado o al marisco.

Consejos de Aizpea

Si queremos hacer el bogavante al horno o a la parrilla, podemos cocerlo durante 3 minutos en agua salada hirviendo. Lo enfriamos en agua con hielo y lo partimos por la mitad (primero la cabeza y después el tronco). Si lo que deseamos es cocerlo para su preparación en ensalada, una vez introducido en el agua muy salada, hirviendo, los minutos de cocción dependerán de su tamaño (1 kg: 20 minutos).

PULPO

Ciertos moluscos de la orden de los octópodos *(Octopoda)*

◆ **FICHA TÉCNICA**

El pulpo es un molusco cefalópodo que carece de cualquier tipo de esqueleto. Está considerado como el más inteligente de todos los invertebrados.
Es capaz de cambiar de color para esconderse de un depredador y planear estrategias de caza.
De su gran cabeza salen ocho tentáculos con los que se desplaza propulsándose. Posee una bolsa de tinta negra que utiliza para defenderse y usa las ventosas para atrapar a sus presas.

◆ **EL PULPO COMO FUENTE DE SALUD**

A diferencia de otros mariscos, el pulpo es bajo en calorías, colesterol y grasas, por lo que resulta un alimento ideal para personas que deseen hacer una dieta saludable.
Aporta proteínas con aminoácidos esenciales, hierro, que contribuye a disminuir el riesgo de tener anemias, vitaminas (B3, B6, B12, E) y minerales (fósforo, zinc, calcio, sodio, yodo, magnesio y potasio). Todo esto hace que sea un alimento ideal para los deportistas, ya que ayuda a ganar músculo. Evita la hipertensión.

◆ **¿DÓNDE LE GUSTA CRECER?**

Los pulpos se pueden encontrar en todos los océanos, en zonas próximas a sus costas. Son animales carnívoros y se alimentan de pequeños peces, crustáceos y algas. La mejor época para su pesca es durante los meses fríos.

◆ **TIENE ALGUNAS CONTRAINDICACIONES...**

Las personas alérgicas deben evitar su consumo.

Consejos de Aizpea

Para que, con la cocción, el pulpo resulte jugoso, suelo congelarlo fresco durante tres días y luego lo cocino.
Para comerlo en **carpaccio**, crudo, lo «asusto» tres veces metiéndolo y sacándolo del agua hirviendo, con un intervalo de 10 segundos. La última cocción, según el tamaño, será de 7 minutos, aproximadamente. Formo unos rollos rectos con los tentáculos y los congelo.

Allá por el 3000 a.C., en la isla griega de Creta, surgió la cultura minoica. Sus gentes estaban tan fascinadas con los pulpos que los dibujaban en sus recipientes de cerámica con todo lujo de detalle.

Algunas de las pinturas
rupestres más célebres del
sur de Francia y la cornisa
cantábrica incluyen grabados y
dibujos de los antepasados de
los ciervos.

CIERVO

Mamífero de la familia de los cérvidos *(Cervidae)*

◆ FICHA TÉCNICA

En la familia de los cérvidos, de los que existen
distintas especies, que se diferencian entre sí
por su tamaño, color de pelo y cornamentas.
El ciervo es un mamífero herbívoro y se alimenta
de hierbas, hojas, brotes de plantas y otros vegetales.
Los machos pueden llegar hasta los 200 kg y sus
cornamentas se renuevan anualmente. Las hembras
son más pequeñas.
La caza del ciervo se remonta a los albores del ser
humano.

◆ EL CIERVO COMO FUENTE DE SALUD

Su carne es magra y contiene poca grasa, por
lo que es baja en calorías y colesterol. Contiene
una alta cantidad de vitamina B12 y otras del
grupo B, así como mucho hierro y proteínas.

◆ ¿DÓNDE LE GUSTA CRECER?

Durante casi todo el año, las hembras y sus crías
se juntan entre ellas, mientras que los machos
adultos forman grupos separados o viven solos.
En otoño, con las primeras lluvias, empieza el
periodo de celo del ciervo, conocido como «brama»
o «berrea»: los machos se acercan a las hembras,
lo que da inicio a una especie de ritual de conquista,
con sonidos guturales y peleas, en las que aquellos,
embistiendo con sus cornamentas y marcando
su territorio con orina, compiten por hacerse con
el dominio de la manada.
En España existen parques naturales donde este
regalo de la naturaleza se puede contemplar: en el
parque nacional de Cabañeros (Castilla-La Mancha),
el parque nacional de Redes (Asturias), los parques
nacionales de Doñana, de Sierra Morena
y de Cazorla (Andalucía), el parque nacional de
Monfragüe (Extremadura) y la reserva natural
de caza de Boumort (Cataluña).

◆ TIENE ALGUNAS CONTRAINDICACIONES...

Se desconocen.

Consejos de Aizpea

Podemos cocinar, a la parrilla o a la plancha,
las partes más tiernas del ciervo
(solomillo y lomo). Con el resto, se puede
hacer estofado, civet, etcétera.

CORZO

Capreolus capreolus

◆ FICHA TÉCNICA

El corzo es el más pequeño de los cérvidos. Es un mamífero herbívoro y se alimenta de hierbas, hojas, brotes de plantas y otros vegetales.
Pesa de 16 a 30 kg; los machos son más grandes que las hembras.
Sus extremidades traseras son muy potentes, ya que están adaptadas al salto. Tienen grandes orejas y cuernas pequeñas que mudan cada año. Su hocico muestra una franja negra.

◆ ¿DÓNDE LE GUSTA CRECER?

Habita en áreas boscosas que ofrezcan cobijo y alimento, sobre todo en zonas con abundancia herbácea, arbustos y diversidad botánica de alto valor nutritivo. Se encuentran distribuidos por toda Europa. En España, la repoblación de corzos es una práctica reciente y se pueden localizar en muchas de sus comunidades autónomas.

◆ EL CORZO COMO FUENTE DE SALUD

Su carne se puede considerar magra y baja en grasas, por lo que tiene un bajo aporte calórico. Dentro de la caza, es una de las más exquisitas. Contiene muchas proteínas, es rica en hierro, fósforo, magnesio y potasio. En cuanto a vitaminas, podemos destacar las del grupo B.

◆ TIENE ALGUNAS CONTRAINDICACIONES...

Se desconocen.

Consejos de Aizpea

El costillar es la parte que más me gusta cocinar del corzo, ya que concentra un sabor intenso y su carne posee una textura muy tierna y jugosa. Para el acompañamiento de este tipo de carne, me encanta hacer salsas agridulces con frutos del bosque (arándanos, grosellas, moras, etcétera). Primero caramelizo todo el costillar y lo doro bien; después lo dejo reposar durante 10 minutos y, posteriormente, lo cocino en la sartén o al *grill*.

Durante la época de celo, la agresividad de los machos puede llegar a ser brutal y terminar en la muerte del rival más débil.

Los jabalíes han vivido un proceso
contrario al de la extinción.
De prácticamente desaparecer
de ciertas zonas, como Gran Bretaña
o Escandinavia, su población se
ha recuperado e incrementado
considerablemente en el último siglo.

JABALÍ

Sus scrofa

◆ FICHA TÉCNICA

El jabalí es un cerdo salvaje de la familia de los suidos. Es originario de África y, con posterioridad, se expandió por Europa y por Asia. Sus ojos son pequeños y negros, su cabeza es alargada y le sobresalen los colmillos. Tiene poca visión, pero, para contrarrestarlo, su olfato y su oído son excepcionales. Es un animal que puede llegar a pesar 40-90 kg y, en algunos casos, alcanzar los 150 kg.

◆ EL JABALÍ COMO FUENTE DE SALUD

Su carne magra tiene poco contenido graso, así como escaso colesterol.

Su alto contenido en vitamina B3 hace que favorezca el buen funcionamiento del sistema circulatorio, además de conseguir reducir el colesterol. Asimismo, cuenta con un alto contenido en vitamina B12, lo que puede ayudar a personas con problemas estomacales. La carne del jabalí también es beneficiosa para las embarazadas. En cuanto a los minerales, contiene, entre otros, potasio (muy bueno para el sistema nervioso), fósforo y sodio.

◆ ¿DÓNDE LE GUSTA CRECER?

Es de hábitos nocturnos, por lo que le gusta dormir de día (suele hacerlo en un pequeño lecho dispuesto en el suelo entre rocas y matorrales).

Su alimentación se basa en vegetales, trufas y otros organismos animales que pueden localizar por su buen olfato.

Su hábitat preferido es aquel en el que puede encontrar abundante agua y frondosa vegetación.

◆ TIENE ALGUNAS CONTRAINDICACIONES...

La Real Federación Española de Caza (RFEC) advierte del riesgo de consumir carne de jabalí sin realizar las analíticas necesarias para poder detectar la triquina (gusano parasitario).

Su cocción debe alcanzar como mínimo los 77 °C (para evitar los posibles parásitos).

Por su alto contenido en purinas, el consumo de esta carne está contraindicado en personas que padezcan hiperuricemia y gota.

Consejos de Aizpea

Me gusta preparar la carne de jabalí el día anterior. La corto en tacos de 5 cm y la cubro con vino tinto y verduras (cebolla, puerro, zanahoria, apio). Al día siguiente, escurro y enharino la carne, la doro, pocho la verdura del marinado y, tras dejar reducir el vino, echo agua o caldo. Todo debe cocinarse durante 2 h, aproximadamente. Preparo después la salsa y el plato ya está terminado.

CONEJO

Oryctolagus cuniculus

◆ FICHA TÉCNICA

El conejo es un mamífero de cabeza ovalada, ojos grandes y pelo espeso y lanudo. Tiene orejas largas, de hasta 7 cm, que le ayudan a regular su temperatura corporal. Sus patas delanteras son más cortas que las traseras.

Pueden saltar hasta 70 cm de longitud y 1 m de alto y correr hasta 30 km/h.

Los dientes son algo muy curioso en los conejos: no paran de crecer nunca, por lo que tienen que estar siempre desgastándolos.

Restos encontrados en la península ibérica indican que ya existían en el Paleolítico.

◆ ¿DÓNDE LE GUSTA CRECER?

El conejo salvaje se puede encontrar en cualquier lugar del mundo y en un gran número de hábitats: selvas, bosques, campos, desiertos, etcétera.

Su forma de vida se desarrolla en grupos familiares y construyen madrigueras bajo el suelo, en el que abren túneles para conectarlas.

Son herbívoros y, para evitar a sus depredadores, se alimentan al anochecer y al amanecer.

◆ EL CONEJO COMO FUENTE DE SALUD

Es una carne magra o blanca, rica en proteínas y de alto valor nutritivo. Por su bajo contenido en grasa, es de gran calidad. También contiene ácidos grasos omega 3 y omega 6. Destaca su riqueza en vitaminas del grupo B y E, con propiedades antioxidantes. En cuanto a los minerales, aporta, entre otros, fósforo, hierro, zinc y magnesio.

◆ TIENE ALGUNAS CONTRAINDICACIONES...

Los conejos salvajes pueden ser transmisores de enfermedades parasitarias.

Consejos de Aizpea

Existen múltiples formas de cocinarlo: asado, estofado, en escabeche, frito, como paté, en ensaladas. Si tenemos un conejo salvaje para cocinar, en cualquiera de sus preparaciones, le añadiremos un toque de zumo de limón para suavizar la potencia de su sabor.

El conejo es de los pocos animales
que apreciamos como alimento,
pero que también podemos acoger
como mascota.

Las codornices tienen
la costumbre de bañarse
en polvo o tierra para
eliminar los parásitos
de sus plumas y mantenerlas
limpias.

CODORNIZ

Coturnix coturnix

◆ FICHA TÉCNICA

La codorniz es una especie de ave galliforme, pequeña, rechoncha, con unas grandes alas que le permiten volar largas distancias.

Su historia se remonta hasta los antiguos egipcios. En las tareas de construcción de aquella época, había muchas bocas que alimentar, por lo que algunos de ellos se dedicaban al cultivo de trigo y frutas y a la cría de codornices, ya que descubrieron que estas eran una excelente fuente de proteínas para los trabajadores. En la actualidad, sigue siendo una carne muy apreciada, al igual que sus huevos, pues estos son más nutritivos, en proporción, que los de las gallinas.

◆ LA CODORNIZ COMO FUENTE DE SALUD

La carne de la codorniz tiene muchas proteínas y muy poca grasa y carbohidratos. Es un aporte proteínico de alto valor nutricional, ya que contiene aminoácidos esenciales. Se trata también de un alimento muy rico en hierro, indispensable para prevenir y combatir los problemas relacionados con la anemia, así como en calcio y fósforo, que ayudan a mantener fuertes los huesos y los dientes.

◆ ¿DÓNDE LE GUSTA CRECER?

La mayoría migran y suelen ir desde lugares lejanos, como África, hasta Inglaterra. Algunas codornices de montaña se desplazan a pie, de mayor a menor altitud.

Es un ave de costumbres terrestres y se alimenta de semillas e insectos del suelo. Nunca se posa en los árboles y evita con gran cuidado los terrenos sin vegetación y las zonas en las que haya muchas matas que puedan impedir su huida. Suele estar escondida entre la hierba, donde se camufla muy bien, y, cuando huye volando, lo hace a baja altura para esconderse otra vez entre la espesura. La península ibérica alberga la población más importante de Europa de la codorniz común.

Se trata de una especie amenazada por la alteración de sus hábitats, ya que su alimentación depende de ellos.

◆ TIENE ALGUNAS CONTRAINDICACIONES...

Se desconocen.

Consejos de Aizpea

Os voy a dar una receta fácil y sabrosa de mi madre (que prepara las codornices como nadie): Una vez que hemos limpiado bien las codornices, las abrimos por la mitad (en libro) y las preparamos para hacerlas en la plancha. Aparte, vamos elaborando una salsa «especial» con la que untaremos las codornices conforme se vayan asando: picamos 1 cebolla, 3 o 4 dientes de ajo, 1 pastilla de caldo concentrado y 1 vasito de vino blanco. Trituramos todo bien hasta obtener una salsa blanca, que aplicaremos con una brocha a las codornices mientras se asan.

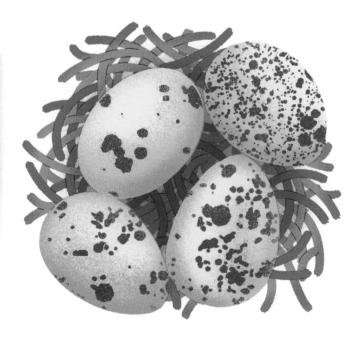

PICHÓN

Cría de algunas aves de la familia *Columbidae*

◆ FICHA TÉCNICA

El pichón es la cría (de unas cuatro semanas) de la paloma casera y en el mercado se pueden encontrar dos variedades: de granja (disponible todo el año) y salvaje (solo en temporada de veda, entre octubre y marzo).
En la Antigüedad fue un alimento reservado para reyes y nobles.
Pesa ½ kg, aproximadamente, y su carne es muy sabrosa y digestiva. El pichón de menor tamaño es el más solicitado y se puede reconocer por su pico blanco y flexible.

◆ EL PICHÓN COMO FUENTE DE SALUD

La carne de pichón contiene, en su mayoría, grasa, proteínas y agua, así como pequeñas cantidades de carbohidratos, ácido láctico y vitaminas del grupo B. Puede destacarse también su alto contenido en fósforo, hierro y potasio.

◆ ¿DÓNDE LE GUSTA CRECER?

Como no llega a abandonar el nido, el pichón se alimenta y vive de sus progenitores, que se adaptan fácilmente a distintos hábitats y son capaces de reproducirse durante todo el año en buena parte de la península ibérica.
La temporada de cría se extiende desde finales del invierno hasta el otoño.
En sus primeras dos semanas de vida, los pichones se alimentan de una sustancia blanquecina que segrega el buche de las palomas y, a partir de ahí, pasan a tomar semillas (trigo o cebada).

◆ TIENE ALGUNAS CONTRAINDICACIONES...

No se han encontrado.

Consejos de Aizpea

El pichón es un alimento que utilizamos mucho en nuestra cocina. Nos llega desplumado y procedemos al vaciado de sus vísceras, de las que conservamos el corazón y el hígado para elaborar la salsa. No lo pasamos por agua para que conserve su sabor original. Lo marcamos en una sartén, previamente salpimentado, y lo introducimos en bolsas de vacío con romero, 1 diente de ajo y aceite de oliva. Después, lo pasteurizamos en el horno a 67°C durante 8 minutos para que conserve todos sus jugos en el interior. Es muy importante poner en abundante agua con hielos esta pasteurización. Lo solemos acompañar de un *risotto* de tuétano, frutos rojos y soja.

Las primeras recetas de la
humanidad, que vienen
de la antigua Mesopotamia,
incluían guisos con pajaritos pequeños,
que bien podrían ser como
nuestros pichones actuales.

GALLINA

Gallus gallus domesticus

◆ FICHA TÉCNICA

La gallina, así como el gallo y el pollo, son aves domésticas galliformes. La gallina es una de sus variedades más valiosas y consumidas, ya que nos provee de dos alimentos muy importantes: su carne y sus huevos. Proviene de la India, pero en la actualidad se encuentra extendida por todo el mundo. Los antiguos egipcios fueron los que descubrieron la incubación artificial, que se inició de forma natural por las condiciones climáticas del país: los rayos solares y el calor de la tierra conseguían incubar los huevos de manera espontánea hasta el nacimiento de los polluelos. La cría de las gallinas se llama «avicultura» y ocupa, hasta hoy, un lugar destacado en todas las civilizaciones.

◆ LA GALLINA COMO FUENTE DE SALUD

Su carne, sin piel, es muy baja en grasa y rica en proteínas de alta calidad. También aporta vitaminas, sobre todo del grupo B, y minerales (magnesio, potasio, fósforo y zinc). Su carne es una gran aliada para nuestro sistema inmunitario.
Los huevos son uno de los alimentos más completos que existen, por la cantidad de nutrientes que contienen tanto en la yema como en la clara.

◆ ¿DÓNDE LE GUSTA CRECER?

En su estado salvaje, son aves que habitan en los suelos de los bosques, en grupos. Los machos (gallos) protegen a las hembras hasta la puesta de huevos. Son omnívoras, especialmente insectívoras. Buscan sus alimentos en la tierra picoteando y escarbando continuamente. Las gallinas pueden llegar a los quince años de vida.
Son animales que necesitan espacio para moverse en libertad y llevar a cabo sus hábitos diarios. Esto repercutirá en gran medida en la calidad de sus huevos.

◆ TIENE ALGUNAS CONTRAINDICACIONES...

Las gallinas son propensas a tener parásitos que pueden transmitir enfermedades.

Consejos de Aizpea

¿Queréis saber cómo distinguir la calidad de los huevos?
En los códigos que aparecen en los huevos, hay varios números que determinan sus características; el primer número es el que determina su calidad, relacionada con su cría y procedencia. Existen cuatro categorías:

0 = Gallinas camperas, criadas en libertad y alimentadas con pienso ecológico.
1 = Gallinas camperas, criadas en libertad.
2 = Gallinas denominadas «de suelo», criadas en gallineros o naves.
3 = Gallinas criadas en jaulas.

La carne de pollo que comemos habitualmente procede de las crías de las gallinas y suelen tener escasos meses de vida.

HUEVO

El huevo vive subido a una columna griega, sentado sobre un cojín. Me cuenta que dedica sus días a la filosofía.

HUEVO: Mi principal actividad es la reflexión y el pensamiento. Intento meditar y discernir el sentido mismo de la existencia.

CONRAD: ¿Qué te preocupa?

HUEVO: Quiero conocimiento, necesito saber. ¿Qué fue primero, la gallina o yo?

CONRAD: ¿Podemos hablar de la tortilla francesa?

HUEVO: Una tortilla francesa viene de un huevo, pero... ¿Quién puso el primer huevo, el huevo original? Si fue una gallina, ¿de dónde salió ese huevo? Si fue un huevo, ¿qué gallina lo puso? ¿Cuál es el origen?

CONRAD: ¿Te gusta la tortilla con o sin cebolla?

HUEVO: ¿Qué importa eso? ¿Cuál es el principio? ¿Dónde empieza la vida? ¿Cuál es el alfa o el omega? ¿Por qué existimos? ¿Cuál es el sentido de todo esto?

CONRAD: Guau, esto es increíble.

HUEVO: Perdona, me estoy desviando. Con cebolla.

Una de las recetas más famosas
elaboradas con pato es el pato Pekín,
típico de la capital china.
Lo más característico es la piel
crujiente y caramelizada, que
se considera un manjar.

PATO

Algunas especies de la familia *Anatidae*

◆ FICHA TÉCNICA

El pato es un ave acuática de la familia de las anátidas, con una capa de grasa bajo la piel que les permite flotar. Originariamente, era un ave de caza y, en la actualidad, existen granjas productoras. Las primeras noticias del pato como alimento nos llegan desde Mesopotamia, aunque parece ser que los chinos fueron los primeros en domesticarlos y consumirlos (hace unos cuatro mil años). Llegaron a Europa hacia el año 1800.

◆ ¿DÓNDE LE GUSTA CRECER?

El pato se encuentra en cualquier parte del mundo, salvo en las zonas con climas muy fríos (como la Antártida).
Existen algunas especies de patos que, en época de cría, migran en busca de climas más cálidos (para ello pueden llegar a desplazarse miles de kilómetros).
Durante este periodo, la mamá pato no se separa de sus crías, a las que protege de los depredadores. Su dieta es variada y consiste en plantas, semillas, caracoles, insectos y hasta, en algunos casos, peces pequeños.

◆ EL PATO COMO FUENTE DE SALUD

La carne de pato nos brinda muchos beneficios, como vitaminas del grupo B, minerales (zinc, fósforo, hierro) y proteínas.
Se recomienda consumir la carne de pato sin piel, ya que esta contiene muchas grasas y calorías.

◆ TIENE ALGUNAS CONTRAINDICACIONES...

Por su alta concentración de grasa saturada y colesterol, es recomendable que las personas con obesidad y diabetes no la consuman en exceso.

Consejos de Aizpea

Si algún día os animáis y compráis un pato envasado, no tiréis su grasa, porque, además de que os puede servir para cocinarlo, también podéis utilizarla en sofritos, arroces, estofados de carne, etcétera.

VACA, TORO Y BUEY (VACUNO)

Bos primigenius taurus

◆ FICHA TÉCNICA

Los tres son mamíferos rumiantes del grupo bovino. Este tipo de ganado fue uno de los primeros en ser domesticado y en servir de alimento (como carne) para los humanos. Su origen puede remontarse al uro, procedente de Eurasia.

Desde la prehistoria, los animales bovinos han sido domesticados y consumidos (sobre todo su carne y su leche). Con su piel y cuero también se confeccionan distintas prendas de ropa.

Asimismo, estos mamíferos se han utilizado desde siempre como animales de carga en labores agrícolas.

La vaca, cuyo macho es el toro, engendra la *ternera*, que se llama «lechal» hasta su destete (hacia los ocho meses).

El *añojo* (*becerro*), macho o hembra de doce a veinticuatro meses, pesa unos 500 kg.

El *novillo*, de dos a tres años, pesa unos 600 kg.

El *buey* es el macho castrado después de la pubertad; puede pesar hasta 1.000 kg y se utiliza para su engorde y sacrificio o para tareas de arrastre.

◆ ¿DÓNDE LE GUSTA CRECER?

Estos animales son herbívoros y rumiantes, por lo que las plantas constituyen su alimentación básica. Comen en dos etapas: en la primera, consumen los alimentos y, en la segunda, rumian, que sería como un segundo proceso de trituración. Se cree que mueven sus mandíbulas unas cuarenta mil veces al día: diez mil para comer y treinta mil para rumiar. En la actualidad, se encuentran en cualquier parte del mundo, por su buena adaptación a diferentes climas y hábitats en los que haya pastos, hierbas, tallos y semillas.

◆ LA CARNE DE VACUNO COMO FUENTE DE SALUD

Dada su composición, la carne de vacuno es un alimento muy nutritivo. Tiene un alto contenido en proteínas (de enorme valor biológico) y minerales (yodo, magnesio, zinc y selenio), que variará en función de la alimentación y de la edad del animal. La carne de ternera tiene menos grasa y menos calorías que la del vacuno mayor.

◆ TIENE ALGUNAS CONTRAINDICACIONES...

Todas las carnes rojas son ricas en purinas, por lo que se recomienda no abusar en exceso de ellas para evitar la gota y los cálculos renales. Contienen colesterol y grasas saturadas.

Consejos de Aizpea

De esta carne existen muchas recetas, por lo que me resulta muy difícil elegir una entre todas. Lo que sí os voy a aconsejar es que, cuando vayáis a comprar carne, lo hagáis en comercios de proximidad. En muchos sitios incluso se menciona la procedencia del animal, lo que es muy interesante.

Las vacas fueron introducidas en el continente americano
por los conquistadores españoles. Cristóbal Colón viajó
con un par de reses en sus barcos.

Como curiosidad diremos que la carne
de cordero favorece un buen estado de ánimo
y facilita el sueño, ya que contiene triptófano,
el cual ayuda a producir serotonina
y melatonina.

CORDERO

Ovis orientalis aries

◆ FICHA TÉCNICA

El cordero pertenece a la familia de los ovinos.
Se denomina «cordero» a la oveja menor de un año
de edad. Se trata de uno de los animales que más
pronto se domesticaron y su cría por los humanos
comenzó en Oriente Próximo hace unos nueve mil
años. Los corderos llegaron a la península ibérica
procedentes de la península itálica y de Sicilia hace
unos cuatro mil ochocientos años (Neolítico).
A diferencia de otras civilizaciones, los pueblos
hispánicos prerromanos innovaron y sobresalieron
en sus técnicas de pastoreo.
Posteriormente, como la cultura musulmana no
permitía comer cerdo, se desarrolló más la cría del
cordero. No solo se utilizaba su carne, sino que
también se aprovechaba su lana para confeccionar
prendas de abrigo.
Según su edad, el cordero puede ser:
Cordero lechal: Entre treinta y cuarenta y cinco días
de vida y alimentado únicamente con leche materna.
Recental o ternasco: Máximo cuatro meses de vida.
Pascual o cordero de pasto: Entre cuatro meses y un
año de edad.
Ovino mayor: Oveja o carnero de más de un año.

◆ EL CORDERO COMO FUENTE DE SALUD

El cordero es rico en proteínas y tiene un alto
contenido en selenio, hierro, ácido fólico
y vitamina B12. Es una carne de fácil digestión.

◆ ¿DÓNDE LE GUSTA CRECER?

Los corderos, con las ovejas y los carneros, se agrupan
en rebaños, ya sea en praderas o recogidos en
establos. Tienen muy buen sentido del oído y del olfato
y emiten balidos para comunicarse con la madre.
En España contamos con seis indicaciones
geográficas protegidas (IGP): Cordero de
Extremadura, de Navarra, Manchego, Segureño,
Lechazo de Castilla y León, y Ternasco de Aragón.
La mejor época para consumir carne de cordero es
la primavera. Y te preguntarás: ¿Por qué? Pues
porque las ovejas que amamantan a los corderos
lechales se nutren de pastos frescos y floridos y esto
repercute en que la carne sea más suave y tierna
y tenga menos grasa que en otra época del año.

◆ TIENE ALGUNAS CONTRAINDICACIONES...

Como todas las carnes rojas, debemos consumir la
de cordero con moderación, ya que su contenido en
grasas saturadas, sodio y colesterol es muy alto.
Como consecuencia, las personas obesas o con
enfermedades cardiovasculares han de comerla de
forma ocasional.

Consejos de Aizpea

Dentro del cordero, existe un segundo «mundo»,
su **casquería**, que yo valoro en gran medida,
pues es exquisita y me gusta cocinarla: mollejas
o lecheritas, criadillas, riñones, patas, etcétera.
Antes de cocinar esta clase de despiece, tiene
que hervirse, partiendo de agua fría, para la
eliminación de la sangre y las impurezas,
lo que en cocina llamamos «blanquear».

CERDO IBÉRICO

Raza de *Sus scrofa domestica*

◆ FICHA TÉCNICA

El cerdo ibérico es una raza porcina y de su nombre se deduce que solo se puede encontrar en España y Portugal. Es de tamaño mediano, con tonos oscuros y con poco pelo. Tiene las patas largas, fuertes y delgadas y dispone de un largo hocico. El cerdo ibérico procede del cruce de los cerdos que trajeron los fenicios con los jabalíes que ya se encontraban en la Península.
Para poder ser considerado como «cerdo ibérico de bellota», debe cumplir la siguiente norma (actualmente en vigor): la cantidad de cerdos ibéricos por hectárea dependerá del número de encinas y alcornoques. 1,25 animales por hectárea (10.000 m²) es la capacidad máxima que podrá albergar una dehesa.

◆ EL CERDO IBÉRICO COMO FUENTE DE SALUD

La carne del cerdo ibérico es un alimento con un alto valor nutricional, además de ser un gran placer para nuestros paladares. Contiene ácido oleico, propio a su vez del AOVE, y sus ácidos grasos insaturados son saludables para el sistema cardiovascular. Tiene un efecto beneficioso para el colesterol y es una fuente de proteínas, vitaminas del grupo B, minerales y antioxidantes.

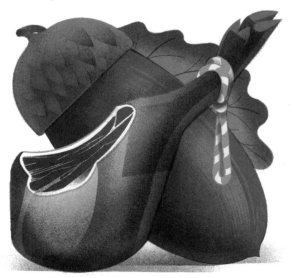

◆ ¿DÓNDE LE GUSTA CRECER?

Los cerdos criados en dehesas pueden recorrer más de 14 km diarios en busca de alimento (bellotas, hierbas, plantas y hongos, entre otros) y beben unos 50 l de agua al día.
Este ejercicio consigue que las grasas se infiltren entre sus fibras musculares, una característica de la carne de cerdo ibérico.
En otoño, y coincidiendo con la caída de la bellota, empieza la montanera (octubre-marzo), la última fase en la cría del cerdo ibérico, en la que este engorda de forma natural y en libertad hasta el fin de sus días. Puede llegar a pesar unos 175 kg.

◆ TIENE ALGUNAS CONTRAINDICACIONES...

Si se consume en exceso, puede provocar molestias gastrointestinales e incrementar los triglicéridos.

Consejos de Aizpea

«Del cerdo son bonitos hasta los andares». Después de haber vivido cinco años en plena dehesa extremeña y observado la vida en libertad de sus cerdos, tuve la oportunidad de asistir a una matanza tradicional del cerdo ibérico en un pueblo extremeño. Se sigue un ritual desde el amanecer en el campo hasta la «fiesta». Las mujeres realizan todas las funciones posteriores a la matanza: embutido de morcillas, chorizos, cachuela, chicharrones, salmueras, etcétera. Una gran tradición que no debería perderse.

Los cerdos no tienen glándulas
sudoríparas. Como su cuerpo no
regula bien la temperatura, han
adoptado un método alternativo:
revolcarse en charcos de agua o barro.

El calostro, la primera leche que da una vaca después del parto, ha sido fuente de numerosas tradiciones y creencias. En muchas culturas se le atribuían poderes curativos mágicos.

LECHE DE VACA

Secreción de las glándulas mamarias de las vacas

◆ FICHA TÉCNICA

La leche de vaca es uno de los alimentos de origen animal de mayor consumo en el mundo.

Procede de las glándulas mamarias de la vaca y su principal función es la nutrición de sus crías hasta el momento en que puedan digerir otros alimentos.

Su consumo por parte de los humanos se inicia hace unos once mil años, con la domesticación del ganado. En la Edad Media, la leche era muy difícil de conservar, por lo que se consumía fresca o en forma de quesos.

Para paliar este problema, uno de los procesos más importantes para un consumo adecuado de la leche fue su pasteurización, gracias a un químico, físico y bacteriólogo francés, Luis Pasteur, a quien debe su nombre. La pasteurización consiste en eliminar toda clase de gérmenes, gracias a la elevación de su temperatura. Este sistema consiguió que su aspecto fuera más saludable, que sus tiempos de conservación fueran más largos y su procesado más higiénico.

◆ ¿DÓNDE LES GUSTA CRECER?

Entre las vacas lecheras existen diversas razas, como son la Holstein o frisona (de color blanco y negro), parda y rubia gallega.

Se sitúan en prados naturales y grandes llanuras, y se alimentan de pasto, hierbas, tallos y semillas.

◆ LA LECHE DE VACA COMO FUENTE DE SALUD

Por su alto contenido en calcio, fósforo y vitamina D, es un alimento ideal para favorecer el desarrollo y mantenimiento de los huesos. Sus proteínas son de alto valor biológico. Asimismo, tiene efectos hidratantes, por su alto contenido en agua (88 %) y minerales.

◆ TIENE ALGUNAS CONTRAINDICACIONES...

Uno de los efectos negativos de la leche es que las personas intolerantes a la lactosa no pueden digerirla adecuadamente.

Consejos de Aizpea

Conservo recuerdos de mi abuela materna con respecto a la leche: en su época (no hace tanto tiempo), la leche se la traía a casa el lechero y, después de hervirla, retiraba la nata que se quedaba en la superficie y con ella preparaba unas veces mantequilla, a base de batirla fuertemente, y otras, unos bizcochos con un sabor maravilloso que quedará toda mi vida en mis recuerdos.

QUESO DE OVEJA

Producto elaborado a partir de la leche de oveja

◆ FICHA TÉCNICA

El queso es un derivado de la leche. Se elabora a partir de la cuajada de la leche, a la que se añade un cuajo animal o vegetal.

Cuenta una leyenda que un pastor árabe, volviendo a su hogar con la leche de sus ovejas, que llevaba en un recipiente hecho con la tripa del cordero, y a pleno sol, se dio cuenta al abrirla de que se había convertido en queso.

Sus inicios provienen de hace unos diez o doce mil años, tras la domesticación de las ovejas. El ganado ovino ha sido y es uno de los grandes pilares de nuestro país tanto por su carne como por su lana y su leche, que en algunas épocas se ha utilizado incluso como moneda de cambio.

◆ EL QUESO DE OVEJA COMO FUENTE DE SALUD

Es una gran fuente de proteínas, indispensable para un buen funcionamiento del organismo. Cuanto más curado esté, mayor es su valor calórico. Es rico en calcio, que fortalece el sistema óseo, y contiene minerales, como el magnesio o el zinc.

◆ ¿DÓNDE LES GUSTA CRECER?

Los pastores buscaban siempre los mejores pastos para aumentar la calidad de la leche de sus ovejas. Como consecuencia, se efectuaban grandes movimientos de rebaños entre zonas diferentes, dependiendo de la temporada. A esto se le denomina «trashumancia».

En la actualidad se siguen haciendo estos recorridos, incluso atravesando grandes ciudades, durante la temporada otoñal.

Existen muchas variedades de queso de oveja en España. Entre ellos, el idiazábal, manchego, roncal, torta del Casar, zamorano, el payoyo, etc.

◆ TIENE ALGUNAS CONTRAINDICACIONES...

Tiene sal y grasas saturadas, así como alto contenido en colesterol, por lo que no es recomendable abusar de su consumo.

Consejos de Aizpea

Generalmente, no me gusta cocinar demasiado los quesos de oveja, ya que son grandes manjares en su estado natural. Pero os puedo dar una receta divertida, en el caso de que se os quede demasiado seco el queso de oveja: Necesitais un rallador muy fino y una sartén antiadherente, untada con aceite, en la que rallaremos el queso y, a fuego bajo, se irá formando un crujiente de queso que podremos utilizar en ensaladas, con guacamole, en cremas de verduras, etc.

Existen infinidad de quesos
de oveja en el mundo.
El feta (Grecia), el manchego
(España), el pecorino (Italia)
son solo algunos ejemplos.
Uno de los más raros es
el "casu marzu" de Cerdeña,
que contiene larvas vivas
de insectos.

QUESO

Tengo que pedirle al queso que se baje del café que me estoy tomando cuando quedo con él para la entrevista.

QUESO: ¿No te gusta el queso?

CONRAD: Sí, me gusta mucho, pero en el café...

QUESO: ¿Qué tiene de malo? El queso se echa a todo.

CONRAD: A las ensaladas, a las pizzas, a las hamburguesas lo entiendo, pero...

QUESO: ¡A la carne! ¡A la sopa! ¡Al pescado! ¡A la macedonia de frutas!

CONRAD: ¿A la macedonia de frutas?

QUESO: ¡A todo! ¡El queso mejora cualquier plato! ¡Viva el queso! ¡El queso conquistará el planeta! ¡Déjame echarme en tu café!

CONRAD: Creo que voy a irme.

QUESO: ¡Se avecina el Planeta Queso! Rendíos ante la Gran Quesidad.

CONRAD: Bájate de mi cabeza, por favor.

El yogur es uno de los grandes protagonistas de la gastronomía turca. Allí es un alimento básico que se toma de mil maneras distintas, en platos tanto salados como dulces. Incluso elabo an una bebida muy refrescante, el "ayran", una mezcla de yogur, agua, sal y limón.

YOGUR

Producto elaborado a partir de leche

◆ FICHA TÉCNICA

El yogur es un producto lácteo derivado de la leche fermentada por medio de las bacterias *Lactobacillus* y *Estreptococcus*.

Existen varias versiones sobre su origen, desde Turquía hasta la península balcánica, Bulgaria o Asia Central.

Los primeros yogures de los que se tienen constancia, hace cuatro mil quinientos años, fueron, probablemente, por fermentación espontánea debida a las altas temperaturas y a las bacterias que se producían en el interior de las bolsas de piel de cabra, que se utilizaban como recipientes para el transporte de la leche.

El yogur se convirtió en el alimento básico de los pueblos nómadas por su facilidad de transporte y conservación.

◆ ¿DÓNDE LES GUSTA CRECER?

La elaboración del yogur requiere de la introducción en la leche de bacterias «benignas» específicas y con una temperatura y condiciones ambientales controladas.

Para obtener el grado óptimo de acidez, tiene que pasar por un proceso de fermentación en cámaras a 43 °C durante 4 horas. Posteriormente, se enfría a 5 °C para detener su fermentación.

◆ EL YOGUR COMO FUENTE DE SALUD

Es un alimento muy digestivo, gracias a los probióticos que contiene, que son muy útiles en dicho proceso. También fortalece el sistema inmunológico y reduce la posibilidad de contraer enfermedades.

El yogur es muy nutritivo por su alto contenido en proteínas, calcio y vitamina B12. Además, aporta gran cantidad de fósforo y potasio. Interviene asimismo en la mejora de la piel, ya que contribuye a la producción de elastina y colágeno. Aporta una parte de omega 3, que ayuda a sustituir, en dietas vegetarianas, alimentos como el pescado azul.

◆ TIENE ALGUNAS CONTRAINDICACIONES...

No se conocen efectos nocivos del yogur.

Consejos de Aizpea

Unas recetas muy ricas para acompañar diferentes ensaladas son las vinagretas basadas en el yogur, al que podemos añadir sal, pimienta, zumo y ralladura de lima, pepinillo y alcaparras troceados, y ajo rallado.

MANTEQUILLA

Producto elaborado a partir de leche de vaca

◆ FICHA TÉCNICA

La mantequilla es un producto que se obtiene a partir de la **emulsión**, batido, amasado y lavado de grasas lácteas y agua, mayoritariamente procedente de la leche de vaca.

Se desconoce su origen exacto; probablemente, al igual que otros lácteos, se llegó a este producto por accidente, al producirse un batido de la nata durante su transporte.

Las primeras noticias que se han documentado proceden del pueblo mongol, quienes batían nata dentro de las pieles de sus animales hasta la obtención de la mantequilla. Posteriormente, se extendió su consumo a través de las civilizaciones y colonizaciones de celtas y vikingos.

◆ LA MANTEQUILLA COMO FUENTE DE SALUD

Es la parte grasa de la leche, de la que contiene un 80 % y el resto es agua, por lo que es un alimento muy calórico. Se trata de una de las grasas más complejas que existen, ya que contiene centenares de ácidos diferentes. Además, es rica en vitaminas A, B12, D, E y K2, por lo que es un gran antioxidante. Debido a ciertos ácidos grasos que contiene, nos protege de infecciones gastrointestinales.

◆ ¿DÓNDE LES GUSTA CRECER?

La calidad de la mantequilla depende de la alimentación concreta de las vacas de las que proceda la leche, que modifica la intensidad de sus sabores, color, etc.

En Francia, el consumo de mantequilla es muy elevado. Tienen un consumo medio de 8 kg/persona/año. Es la base de su cocina. En España, su consumo está en aumento en la actualidad. Destacan: mantequilla de Cantagrullas (Valladolid), mantequilla de Las Nieves (Burgos), mantequilla lorenzana (Asturias), mantequilla de Soria, mantequilla del Alt d'Urgell.

◆ TIENE ALGUNAS CONTRAINDICACIONES...

Su consumo debe ser moderado, ya que contiene grasas saturadas que pueden producir un aumento del colesterol. Asimismo está contraindicado en las personas alérgicas a los lácteos.

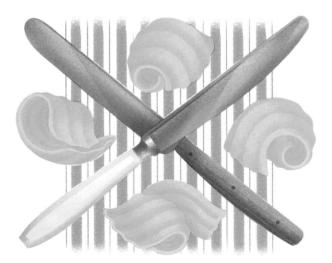

Consejos de Aizpea

En qué casos y cómo clarificar la mantequilla en casa: Habitualmente la uso clarificada para marcar y caramelizar una pieza, ya sea de carne, pescado, verduras o frutas. Por medio de esta clarificación, se elimina el suero de la mantequilla, con lo que logramos que no se nos queme.

Cómo hacerlo: Se diluyen suavemente 250 g de mantequilla y se mete en un embudo, con su salida previamente cerrada.

Se deja reposar 15 minutos hasta que se separe el suero de la materia grasa.

En ese momento, abrimos el embudo y comienza a salir el suero blanquecino; cuando empieza a amarillear, lo cerramos y guardamos esa grasa.

Los masáis, un pueblo pastor del este de África, consideran la mantequilla un alimento sagrado, símbolo de fertilidad y crecimiento. Lo emplean para untarse el cuerpo en algunas de sus ceremonias.

En la ganadería, se aprovecha
la leche de todos los mamíferos que se crían
(oveja, cabra, vaca, yak, búfala, yegua,
camello, burra), con la excepción del cerdo.

LECHE DE BÚFALA

Secreción de las glándulas mamarias de las búfalas

◆ FICHA TÉCNICA

El búfalo de agua, de donde procede la leche de búfala, es un gran bovino. Forma parte importante de la producción lechera mundial. Actualmente ocupa el segundo lugar en importancia, tras la leche de vaca, seguido de la de cabra y oveja. Su leche tiene un sabor peculiar levemente dulce y color blanquecino.

◆ ¿DÓNDE LES GUSTA CRECER?

La búfala consume plantas acuáticas, hojas, cultivos agrícolas y todo tipo de vegetación que crezca en ríos o cualquier fuente de agua.
Los principales países productores de la leche de búfala son India, Pakistán, China, Egipto e Italia.

◆ LA LECHE DE BÚFALA COMO FUENTE DE SALUD

Se considera de un alto valor energético, por la mayor cantidad de proteínas en su suero con respecto a la leche de vaca, así como por la presencia de ácidos grasos poliinsaturados y alto contenido en calcio, magnesio y fósforo.
Es excelente para la producción de quesos, mantequillas, etc. Especialmente conocida es la mozzarella, queso fresco procedente de Italia, a partir del siglo XVI, compuesto únicamente por leche de búfala.

◆ TIENE ALGUNAS CONTRAINDICACIONES...

Una de las desventajas de uno de sus derivados, como la mozzarella, es su alto contenido en grasas saturadas, que pueden perjudicar al organismo con un aumento de peso y con enfermedades cardiovasculares, al producirse una subida del colesterol. Por ello, se debe consumir moderadamente.

Consejos de Aizpea

Una de las ensaladas más conocidas en las que se utiliza la mozzarella es la ensalada caprese: mozzarella, tomate fresco, albahaca u orégano, vinagre de Módena y aceite de oliva (AOVE).

PASTELITO

Alguien llama a mi puerta cuando estoy todavía despertándome. Viene envuelto en un papel fluorescente, con una pegatina de regalo.

PASTELITO: ¡Hola! ¿No me vas a entrevistar a mí?

CONRAD: ¿A ti? La verdad es que no. Es un libro sobre alimentos que provienen de la naturaleza, y...

PASTELITO: ¿Y de dónde te crees que vengo yo?

CONRAD: De una fábrica. De China, por lo que pone en esta etiqueta.

PASTELITO: ¡Qué sabrá esta etiqueta! Yo vengo de un árbol de pastelitos que...

CONRAD: No, eso es mentira. Mira tu lista de ingredientes. Eres un alimento ultraprocesado.

PASTELITO: Eso no quiere decir que no sea natural y saludable.

CONRAD: Quiere decir exactamente eso, sí. Mira todas las cosas que tienes en la lista de ingredientes. Saborizante E-45, acidulante...

PASTELITO: ¡Calumnias! ¡Es mi relleno de crema pasteloide! ¡Es delicioso y natural!

CONRAD: Es rosa fosforito.

PASTELITO: Por favor, sácame en el libro.

CONRAD: Voy a llamar a Seguridad.

EL GRAN VIAJE DE LA EVOLUCIÓN CULINARIA

por Sandra Lozano

◆ COCINAR NOS HACE HUMANOS

En las páginas de este libro se pueden descubrir muchos datos interesantes sobre los alimentos que nos rodean. Al contrario que otros animales, los humanos tenemos la costumbre de transformarlos antes de llevarlos a la boca. Bueno, casi siempre. Aunque podemos comer a mordiscos una manzana o abrir una ostra y sorber su contenido viscoso, en general, salvo la fruta y alguna cosa más, la mayoría de las veces optamos por cocinar con los productos que nos da la naturaleza.

Pero ¿qué es cocinar exactamente? Es la acción que consiste en transformar los alimentos con la intención de mejorar sus cualidades, hacerlos más digeribles o apetitosos. Incluye todos los gestos que llevamos a cabo cuando preparamos algo para comer. Estamos cocinando al lavar unas verduras, cortarlas y meterlas en el horno. O cuando empanamos un filete de ternera y lo freímos en una sartén. Pero también cocinamos si lavamos una lechuga, cortamos sus hojas con la mano y preparamos una ensalada.

Hay quienes piensan que cocinar solo sucede cuando encendemos el horno o la vitrocerámica, que tiene que haber una fuente de calor para poder decir que estamos cocinando. Pero pensarlo así nos parece un error. ¿Alguna vez habéis comido sashimi? Son esos filetitos de pescado crudo típicos de Japón. Los cocineros japoneses ponen mucho cuidado al elegir las mejores piezas, al cortarlas con una técnica muy depurada y al preparar el condimento donde después se van a mojar. Si no te da repelús la textura del pescado crudo, el sashimi es todo un manjar, pero los cocineros que lo preparan... ¡no calientan nada! La clave está en ponerle mimo y atención, tener las herramientas adecuadas, los productos necesarios y aplicar unas cuantas técnicas de cocina. No tiene por qué ser complicado: cocer unos espaguetis, verter una rica salsa de tomate del súper y rallar un poquito de queso por encima también es cocinar.

Si además usamos los ingredientes más saludables y sostenibles a nuestro alcance, mejor que mejor.

Cuando cocinamos hacemos algo que nos conecta directamente con nuestros ancestros del Paleolítico. Es una de las acciones que tenemos en común con aquellos lejanos homínidos que forman la familia evolutiva humana. *Homo habilis*, el abuelo de la prehistoria, creó la primera herramienta, una piedra con un filo cortante que usó... ¡para cocinar!

En medio de la sabana africana, aquel primate, un poco endeble, se las apañó para aprovechar los restos que dejaban atrás otros depredadores más hábiles que él. Cuando un león se cansaba de mordisquear una gacela, allí aparecía un grupito de *Homo habilis* con sus cuchillos que cortaban jirones de carne y abrían huesos para llegar al tuétano. Bueno, vale, quizá su cocina no era muy sofisticada y en realidad solo puso en práctica una o dos técnicas culinarias (cortar, machacar), pero ahí lo tenemos: una herramienta, un producto, un método y la intención de conseguir un bocado realmente bueno.

El paso de gigante se dio un poco más tarde cuando los neandertales aprendieron a cocinar haciendo uso del fuego. Entonces sí que sí la cocina ya era casi como la de hoy en día. En sus fogatas asaban y hervían todo tipo de alimentos que conseguían gracias a la caza, la recolección o la pesca. Cuando estéis disfrutando de una barbacoa el próximo verano, acordaos de que hace cientos de miles de años alguien muy parecido a vosotros estaba disfrutando exactamente de lo mismo.

Desde que los humanos inventamos la cocina, comer se ha convertido en algo más que nutrir el cuerpo. Cuando nuestros antepasados se reunían en torno a la hoguera para compartir la comida, surgieron la conversación sosegada, el mirarse las caras, el contar historias, el fijarse en esa persona con la que no te habías cruzado en todo el día. Comer en compañía es un momento clave de la socialización humana. ¿Qué hacemos cuando queremos celebrar algo? ¡Comer y beber juntos! Siempre hay comida en los cumpleaños, en las bodas o si recibimos visitas en casa. Así ha sido a lo largo de toda la historia. Es algo un poco mágico e inexplicable: compartir mesa hace más intensas las emociones respecto a los demás, fortalece los vínculos que nos unen. Será porque ese placer que nos da comer algo rico relaja nuestro cuerpo y nos vuelve más receptivos.

Nos gusta tanto cocinar que cómo y qué cocinamos forma parte de nuestra identidad más profunda. Por eso se ofenden los italianos cuando nos ven maltratar sus recetas tradicionales, o los españoles cuando entramos en debates eternos sobre en qué consiste una verdadera paella. Porque cocinar es algo íntimo que nos define. Fijaos en este otro ejemplo más lejano en el tiempo: las gentes de la antigua Mesopotamia (¡los inventores de la escritura!) pensaban que el resto de los pueblos eran bárbaros porque no comían fermentados. Saber cocinar los cereales para hacer un producto tan mágico como el pan o una bebida tan rica como la cerveza les parecía una muestra indiscutible de su superioridad.

Hay tantas maneras diferentes de combinar y transformar los alimentos que cada familia, cada pueblo y cada cultura lo hace a su manera (y, por cierto, todo el mundo piensa que la suya es la mejor de todas). ¿En vuestra familia se le echa vinagre a las lentejas? ¿La tortilla de patatas la preparáis con o sin cebolla? Seguro que hay

algún plato que, cuando lo probáis, os hace sentir como en casa.

A estas alturas ya os habréis percatado de que comemos varias veces al día durante toda la vida; es algo inevitable para poder sobrevivir. En momentos cruciales de nuestra existencia alguien nos provee el alimento, lo que en la práctica implica que cocina para nosotros. Desde que nacemos hasta que alcanzamos la suficiente madurez para cocinar, estamos a merced de quien nos cuida. También ocurre cuando nos ponemos enfermos o la vejez nos limita las capacidades. Cocinar es uno de los trabajos de cuidado más importantes que existen, aunque no se le dé la suficiente relevancia en los libros. ¿Sabíais que en el Paleolítico ya nos cuidábamos a través de la cocina? Un caso famoso es el de «Elvis, la pelvis», que

perteneció a un anciano heidelbergensis que vivió en Atapuerca y que sufría de graves problemas de espalda. No podía andar erguido y le habría sido imposible llevar a cabo muchas tareas básicas. Llegó a la vejez gracias a que le alimentaron y ayudaron a lo largo de su vida.

Pero la cocina encierra muchas otras cosas. Más allá de su papel en la nutrición y en nuestro mundo social, es un excelente laboratorio. Fijaos que una cocinera se parece mucho a una científica realizando experimentos. Cocinar implica conocimiento, concentración, imaginación, pericia y técnica. Se mezclan elementos, se provocan reacciones químicas, se manejan instrumentos y un sinfín de actos que los científicos llevan años estudiando. Si por algún motivo te aburren la física

o la química, prueba a aprenderlas en la cocina de casa. Explora, por ejemplo, por qué la carne se vuelve marrón en contacto con el calor y te convertirás en un experto en el punto óptimo de los bistecs. O aprende los trucos que se saben los químicos para quedar de maravilla ante sus invitados: si echas unas gotas de vinagre en el agua de cocer los huevos, la cáscara se pela mejor y el huevo duro sale perfecto.

Tenemos motivos suficientes para honrar esta actividad ancestral que nos acompaña desde nuestros orígenes humanos. ¡Disfrutemos de la cocina y cocinemos más! Démosle el tiempo que requiere para que despliegue toda su magia: para sentirnos cuidados, acompañados y nutridos.

◆ PRODUCTOS, HERRAMIENTAS Y TÉCNICAS

Para cocinar necesitamos tres elementos básicos: productos, herramientas y técnicas. Funcionan como una ecuación en matemáticas, da igual qué queramos cocinar, siempre tenemos que sumar esas tres cosas.

Los productos son los ingredientes. Desde que los humanos nos hicimos sedentarios y aprendimos a cultivar plantas y criar animales, la mayoría de las cosas que comemos proceden de la agricultura y la ganadería. Con el tiempo, los métodos para trabajar en el campo han cambiado mucho. Hoy en día existen desde pequeños campesinos hasta grandes industrias con granjas kilométricas. En ambos casos puede que los productos sean los mismos, pero en los últimos años se ha comprobado que el abuso de pesticidas, herbicidas, antibióticos y otras sustancias que usa la industria para optimizar su producción tienen algunos efectos nocivos. En contrapartida, gracias a estos métodos a gran escala, los productos llegan a todas partes durante todo el año. Es uno de los temas más controvertidos de los últimos tiempos: ¿cuál es la mejor manera de cultivar plantas y criar animales para todo el mundo sin deteriorar la naturaleza ni la salud? Sacad el tema en la próxima cena, a ver qué opináis en casa.

Curiosamente, aún existe un buen puñado de alimentos que proceden del mundo salvaje o silvestre, que crecen sin ayuda humana y que basta con ir a recolectarlos. Por ejemplo, las setas del bosque, los peces de mar y de río, algunas hierbas aromáticas, unas pocas verduras y ciertos animales que se cazan. Habéis visto ejemplos de todos ellos en el libro, si bien sería muy complicado cocinar un plato contando solo con especies sivestres.

Las herramientas son los utensilios que empleamos para procesar los ingredientes. Aunque tengamos los armarios y los cajones llenos de cacharros, en realidad para cocinar cualquier cosa que pensemos necesitamos un equipo bastante sencillo. Un buen cuchillo, una olla, una sartén, algún recipiente donde mezclar, algo para batir o machacar (un mortero o una batidora) y, por supuesto, los fogones (la placa de gas o lo que tengamos en casa). A partir de ahí, existen una infinidad de objetos que nos hacen la vida más fácil, nos ahorran tiempo o nos hacen ser más precisos. Podemos cortar un ajo con un cuchillo, pero ¿y lo rápido que es meterlo en un pela ajos y que en un solo gesto salga en trocitos? Triturar las verduras para hacer una crema es mucho más práctico con una batidora eléctrica, pero un mortero de madera podría servir también. En las herramientas de cocina se da una gran paradoja: la revolución tecnológica apenas aumentó el tipo de cosas que podemos hacer, solo mejoró las que ya se hacían.

Y llegamos a las técnicas. Para cocinar hay que aprender a lavar, pelar, cortar, freír, asar y un sinfín de acciones que componen los procedimientos para transformar los alimentos en un plato apetecible. A lo largo de la historia, la gente ha aprendido a cocinar cocinando, mirando a sus mayores o a sus maestros. Incluso en el ámbito profesional, la cocina era un oficio práctico que se aprendía por experiencia. En la actualidad, existen escuelas y universidades para formarse, pero, en casa, la mejor manera de aprender sigue siendo la de intentarlo con ayuda de quienes tenemos cerca. No es necesario pelar la cebolla como un chef para hacer un buen sofrito: cualquiera puede conseguirlo con algo de práctica.

Aquí van unos consejos básicos si queréis animaros a cocinar. Lo primero es no tenerle miedo; con un poco de cuidado y sentido común evitaremos cortarnos, quemarnos o cualquier otro accidente. En la cocina también hay que poner atención, ser ordenados y limpiar lo que ensuciamos (eso es tan importante como todo lo demás). Finalmente, practicar cuantas más técnicas mejor y conocer bien los productos son las claves del éxito.

◆ LA CONSERVACIÓN

¿Para qué cocinamos? La respuesta más obvia es para comer, como hemos explicado hasta ahora. Pero a veces también lo hacemos con otro fin importantísimo: conservar.

Uno de los grandes desafíos que tuvimos que resolver en la prehistoria fue cómo conseguir que los productos frescos no se echaran a perder con rapidez. Si un grupo de cromañones cazaba un mamut, tenía de pronto kilos y kilos de carne que, a menudo, no podían consumir inmediatamente. Lo mismo les ocurría a las primeras sociedades campesinas. Todo el cereal estaba listo a la vez y tenían que apañárselas para que les durara el año entero, hasta la siguiente cosecha. Desde entonces hasta ahora, aprender a conservar alimentos ha sido una de las grandes hazañas de la humanidad que ha contribuido al desarrollo de nuestro modo de vida.

Conservar significa detener el proceso natural de putrefacción de la materia orgánica. Todos hemos visto qué pasa si dejas una manzana demasiado tiempo en el frutero, o si se te olvida un tomate en un rincón de la nevera. Cualquier alimento fresco termina poniéndose malo si no se consume o no se conserva. Existen distintos métodos de conservación y todos ellos tienen raíces históricas muy lejanas (sí, ya os habréis dado cuenta de que todo en la cocina es realmente antiguo).

Los primeros consistían en deshidratar los productos frescos con ayuda de algún agente ambiental, como el aire o el sol. Secar consigue detener la llegada de los hongos y bacterias que provocan la putrefacción y es uno de los métodos de preservación más sencillos y eficaces. Todavía hoy las granjas están llenas de productos vegetales y animales colgando de alguna viga, en una habitación oscura y bien aireada. Congelar es otro método que todos conocemos (aunque recordad que no es una solución eterna, especialmente en el congelador de casa). El frigorífico también es una herramienta que conserva, aunque por poco tiempo.

Otras formas de preservar implican la inmersión del producto en un agente conservante, como la sal, el aceite o la miel. La salmuera (agua con sal) o la fórmula para encurtir (agua con vinagre) también preservan durante mucho tiempo. Esto nos lleva a

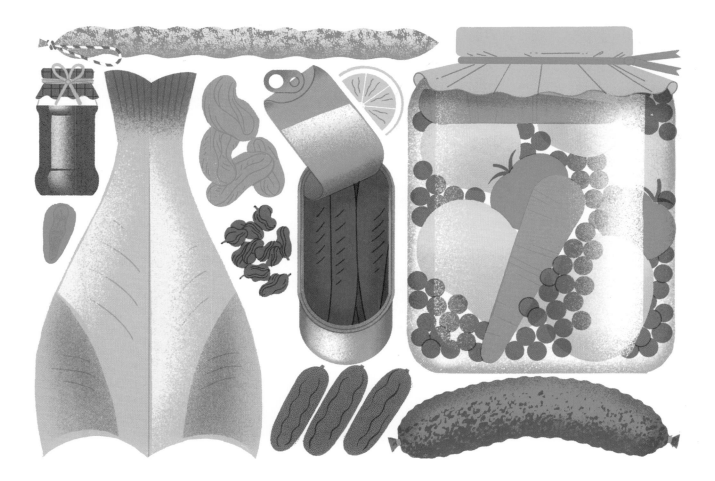

hablar de los recipientes. La aparición de la cerámica en el Neolítico supuso toda una revolución para la preservación de alimentos. Con este material se fabrican vasijas estancas e impermeables que protegen contra la proliferación de insectos o parásitos. Cuando no había frigorífico, nuestras abuelas conservaban chorizos en grandes orzas cerámicas llenas de aceite y así disfrutaban de ellos todo el año.

Cerca ya de la época contemporánea, se inventaron las conservas en frascos y en latas. De ellas se beneficiaron primero los marineros y los militares, que se pasaban meses fuera de casa sin acceso a productos frescos. Al principio esta innovación, que consistía en guardar al vacío alimentos en recipientes estancos, funcionó sin que se entendiera muy bien el porqué. Tuvimos que esperar al científico Louis Pasteur (1822-1895) para que descubriera la acción patógena de los microorganismos y por fin comprender qué bichitos eran los causantes de que la comida se pudriera. En honor a él se bautizó con el nombre de «pasteurización» a una de las técnicas de conservación más modernas que tenemos.

◆ LOS MERCADOS

Seguramente no bajas al campo a por naranjas del árbol para prepararte el desayuno cada mañana. Lo normal es que todo o buena parte de lo que comemos tengamos que comprarlo en algún sitio. En la actualidad, hay multitud de lugares donde adquirir alimentos a cambio de dinero. Si quieres llenar tu cesta de la compra, puedes ir a una tienda pequeña, un supermercado, un mercado itinerante al aire libre o a los mercados cubiertos típicos de algunas ciudades.

Pero frente a estas opciones tradicionales, también existen el comercio online y el *delivery* o reparto a domicilio. El primero permite que,

con un ordenador y conexión a internet, puedas acceder a mercados de todas partes. ¿Que te gusta hacer pan y quieres una harina específica de fuerza media? Con un par de clics encuentras una web especializada que te la vende. Por su parte, en las ciudades grandes el reparto a domicilio ha abierto nuevas posibilidades. Los cientos de repartidores que se mueven en bici o en moto están siempre disponibles para subirte a casa la compra que les pidas. Estas novedades han traído ventajas, pero también algún inconveniente, como problemas con los derechos laborales de los repartidores o abusos por parte de las empresas tecnológicas que median entre compradores y vendedores.

Gracias a la gente más comprometida con el medioambiente y con la salud, hace años que están en marcha alternativas que apuestan por la producción agroecológica. Nos referimos a los grupos de consumo o los sistemas de compra por cestas, en los que productores y consumidores se alían para evitar intermediarios que encarecen el precio. Así, se fomenta el consumo de productos libres de químicos industriales y a la vez se apoya a los campesinos pequeños que apuestan por una producción más respetuosa con el medio. Claro que también existe la opción de ir a visitar a los productores directamente y comprar allí si tienes la suerte de tenerlos cerca.

Y esto nos lleva a reconectar con la historia. La mayoría de la población mundial actual vive concentrada en ciudades, lejos de los lugares donde se producen los alimentos. Los mercados nacieron, precisamente, para solucionar este problema. Lo hicieron a finales del Neolítico e inicios de la Edad de los Metales, cuando aumentó la población y surgieron los centros urbanos. En ellos había todo tipo de profesionales, cuyo trabajo les impedía dedicarse a las labores del campo. Debían adquirir buena parte de lo necesario para alimentarse, y una manera de hacerlo fue a través de los mercados, donde los productores ofrecían su excedente.

Así pues, lo creamos o no, cuando bajamos al colmado de la esquina a comprar un ingrediente que nos falta para la cena, cuando acudimos a un hipermercado para aprovisionarnos de la comida para toda la semana o cuando visitamos el centro comercial más moderno que pueda haber abierto sus puertas en nuestra ciudad en tiempos recientes, no estamos más que repitiendo una actividad que ya hacían nuestros antepasados hace seis mil años.

◆ DE LA HOGUERA A LA COCINA

Encender un fuego y pararse un rato a mirarlo. El calor, el sonido de las llamas chisporroteando, el olor a madera quemada... resulta hipnótico. El fuego tiene algo atrayente difícil de explicar. Quizá por eso la hoguera fue el primer refugio, el lugar donde reunirse y estar a gusto. En las cuevas que habitaron los homínidos más avanzados del Paleolítico, había fogatas en el suelo, que marcaban el espacio de vida. En torno a ellas, como hemos dicho, nuestros antepasados cocinaban, comían, charlaban y pasaban el rato. El círculo cerca del fuego funcionó como la primera cocina-salón-comedor, todo junto.

Antes de la llegada de la electricidad y el gas, encender fuego era la única manera de tener una fuente de calor para cocinar. La hoguera dio paso a los fogones, que solían ser pequeños huecos hechos con piedra o ladrillo donde encerrar las llamas y concentrarlas. Luego, las chimeneas fueron el mejor invento para aliviar el problema del humo en el interior de las casas, pero durante milenios cocinar fue una tarea dura donde se pasaban calores terribles. Con la llegada de las nuevas fuentes de energía, preparar alimentos se convirtió en una actividad mucho más cómoda y fácil. Y con la tecnología, la cocina se llenó de todo tipo de aparatos eléctricos, como el frigorífico o el microondas.

Cocinar y comer no siempre suceden en el mismo espacio; a veces, en las casas, cocina y comedor son habitaciones muy separadas entre sí. Aunque no lo parezca, esto tiene consecuencias importantes en la convivencia. Si la cocina es pequeña y está alejada de otras zonas de estar, la persona que cocina lo hace aislada. Pensemos que hay que cocinar varias veces al día, lo que supone pasar bastante tiempo en este espacio, así que, mejor que sea amplio, cómodo, y que permita que cualquiera pueda entrar a colaborar o ayudar en la tarea. En los últimos años hay una tendencia a volver a unir comedor y cocina para que el tiempo en familia y con los amigos sea más agradable y vuelva a parecerse a la ancestral hoguera de la prehistoria, donde todo el mundo está presente durante la preparación de una comida deliciosa. ¡Menudo viaje de ida y vuelta!

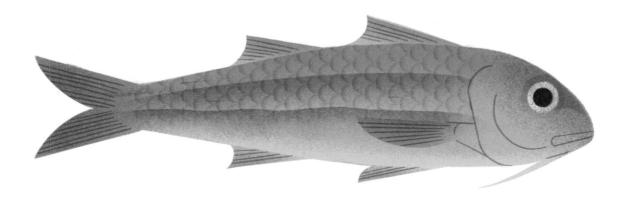

ACTIVIDADES CULINARIAS

por El Hematocrítico

1 Vete al mercado. Puedes llevar este libro contigo. Busca los alimentos que aparecen, fíjate en los que no aparecen.

2 Llévate a casa algunos de los alimentos del libro y dile a tus padres que te dejen jugar un poco con ellos antes de consumirlos. Ya sabemos que con la comida no se juega pero... huélelos, tócalos, pálpalos, acaricialos, pésalos, compáralos...

3 Haced en casa un menú que incluya exclusivamente alimentos que aparezcan en este libro.

4 Haz un ranking con tus cinco alimentos favoritos de este libro, y otro con los cinco peores.

5 Todos los alimentos de este libro tienen una cosa en común. ¡Existen! Invéntate tres alimentos que no existan. Descríbelos y dibújalos.

6 Escríbele una carta de amor a uno de tus alimentos preferidos. Empiezo yo:
Oh, cebolla.
Tu personalidad me embelesa. Tienes tantas capas...
Aunque a veces me haces llorar, no concibo una tortilla sin ti.

7 ¡Oh, no! Nos acaban de informar de que Conrad von Comiden ha sufrido un accidente. Ha resbalado con una monda de un plátano al que estaba entrevistando. Tendrás que continuar su trabajo. Escribe entrevistas a cualquier alimento de este libro o de tu despensa, de tu nevera, del mercado...

GLOSARIO

Anisakis
Parásito que podemos encontrar en el pescado, marisco y cefalópodos, y que puede llegar a causar alteraciones digestivas.

Antiséptico
Con propiedades capaces de combatir las infecciones y los microbios que las causan.

Astringente
Con propiedades capaces de apretar o contraer tejidos, es decir, de constreñir.

Cálculo [renal]
Piedras en los riñones, formadas por pequeños cristales. Es muy doloroso.

Carpaccio
Plato de carne o pescado crudo, cortado en lonchas muy finas y condimentadas.

Cascar o chascar [patatas]
Cortar las patatas solo hasta cierto punto, para luego terminar de romperlas con un golpe lateral del cuchillo. Así, liberan más almidón.

Casquería
Vísceras y otras partes comestibles del ganado, que no se consideran carne: sesos, tripa, pulmón, sangre, criadillas…

Chutney
Salsa agridulce de origen hindú, que se elabora cociendo frutas o verduras en vinagre, con especias y azúcar, y que tiene textura de confitura.

Civet
Guiso o estofado de carne de caza, cocinado con vino, cebolla y la propia sangre del animal, aromatizado con vino.

Colágeno
Proteína que abunda en nuestros tejidos conjuntivos, en cartílagos, tendones y huesos, que aporta flexibilidad y elasticidad.

Diurético
Con propiedades capaces de provocar la orina.

Elastina
Proteína que abunda en nuestros organismo, en tejidos como la piel o las arterias, y que las dota de elasticidad.

Emulsión
Unión más o menos homogénea de dos líquidos que en principio son incapaces de mezclarse. Más que diluir uno en otro, lo que se hace es dispersar uno dentro de otro. La mantequilla y la mayonesa son, por ejemplo, dos tipos de emulsión.

Fumet
Tipo de caldo de pescado, concentrado, básico en cocina.

Juliana
Corte en tiras finas. Suele aplicarse al corte de verduras y hortalizas.

Papillote
Sistema de cocción, al vapor o al horno, en el que se envuelve el alimento, generalmente, en papel de hornear o de aluminio.

Probióticos
Microorganismos que ayudan a equilibrar la flora intestinal.

Purinas
Compuesto químico presente en algunos alimentos que, al ser digeridos y metabolizados, producen ácido úrico, que en exceso puede ser nocivo para nuestro organismo.

Salazón
Método de cocina y conservación de alimentos que consiste en guardarlos envueltos en sal.

Tartar
Método de cocina de carne o pescado crudo que consiste en picarlos o triturarlos y luego adobarlos.

Tataki
Método de cocina de origen japonés que consiste en cocinar la carne o el pescado muy poco rato para luego marinar la pieza (generalmente con jengibre y otros aderezos) y servirla fileteada.

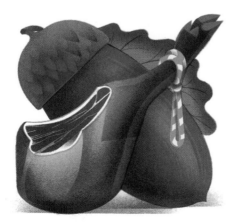

Aizpea Oihaneder

(Donostia / San Sebastián, 1975) es una reconocida chef vasca, que se formó con grandes cocineros de la cocina internacional como Juan Mari Arzak, Martín Berasategui, Santi Santamaria o Michel Bras. Junto a Xabier Díez ha dirigido las cocinas de varios restaurantes de prestigio, como la del Monasterio de Rocamador (donde obtuvo una estrella Michelin), y actualmente regentan el restaurante Xarma Cook & Culture, en su ciudad natal. La hemos visto cocinar en televisión, en el programa de ETB 1 *Oihaneder bere saltsan* (2012) y más recientemente en *El señor de los bosques*, en La 2 (2020-2021).

Julio Fuentes Arconada

(Palma, 1980) es ilustrador y diseñador. Siempre anda con su cuaderno y rotuladores por los cafés buscando el sol y las ideas. Le encanta dibujar edificios, formas raras y besos, y es un apasionado de los libros viejos con dibujos. Vive tranquilo en una pequeña casita con sus dos gatos y su amor Daniela. En los últimos años ha ilustrado, entre otros, *50 libros que me han cambiado la vida* de Llucia Ramis (Bruguera, 2020), *Atlas de los Lugares Literarios* de Cris F. Oliver (Montena, 2018) o las últimas agendas de la editorial Blackie Books, por las cuales recibió el premio Junceda de Ilustración en 2020. Su trabajo ha aparecido en revistas como *Cáñamo*, *Petit Sapiens* o *BCNmés*.

El Hematocrítico

es **Miguel López** (A Coruña, 1976), maestro, humorista en internet y autor de literatura infantil. Colabora habitualmente con varios medios culturales, como *Liopardo* y *GQ*. En su faceta de autor de libros infantiles destacan, entre otros, los álbumes ilustrados *Feliz Feroz* (2014, ilustrado por Alberto Vázquez), *Excelentísima Caperucita* (2020, ilustrado por Mar Villar); los cómics *Leyendas del recreo* (2020-2021, en colaboración con Albert Monteys); los libros de actividades *Cuadernito de escritura creativa* (2019-2020, ilustrados por Olga Capdevila); y la serie de novelas *Max Burbuja* (2021, ilustradas por Santy Gutiérrez). Su obra ha sido traducida a varios idiomas, y en Corea han hecho un musical con un cuento suyo.

Sandra Lozano

(Madrid, 1983) es arqueóloga, historiadora y una apasionada de la gastronomía. Pasó varios años excavando en Grecia y escribiendo una tesis doctoral sobre la cultura minoica de la isla de Creta. Desde 2014 es la responsable de los proyectos de Historia de elBullifoundation. Ha escrito, junto a Ferran Adrià, el libro Paleolítico y Neolítico: los orígenes de la cocina (2019), traducido recientemente al inglés.

Papel certificado por el Forest Stewardship Council®

Penguin
Random House
Grupo Editorial

Primera edición: octubre de 2021

© 2021, Aizpea Oihaneder Pérez, por los textos
© 2021, Julio Fuentes Arconada, por las ilustraciones
© 2021, El Hematocrítico, por el prólogo, los textos de «El periodista de los alimentos» y las actividades culinarias
© 2021, Sandra Lozano Rubio, por los textos de «El gran viaje de la evolución culinaria»
© 2021, Penguin Random House Grupo Editorial, S.A.U.
Travessera de Gràcia, 47-49. 08021 Barcelona

Printed in Spain — Impreso en España

ISBN: 978-84-18052-21-7
Depósito legal: B-12.881-2021

Compuesto en M.I. Maquetación, S.L.

Impreso en Talleres Gráficos Soler
Esplugues de Llobregat (Barcelona)

R K 5 2 2 1 7